2014年度山西经济社会发展重大课题

2016年度山西省哲学社会科学规划课题

顾　　　问：申纪兰

编委会主任：李中元

编委会成员：（以姓氏笔画为序）

马志超　王根考　孙丽萍　刘晓丽　杨茂林

宋建平　张章存　赵双胜　高春平　郭雪岗

主　　　编：李中元　杨茂林

执 行 主 编：刘晓丽

副 主 编：马志超

课题组成员：（以姓氏笔画为序）

王勇红　刘晓丽　张文广　张侃侃　李　冰　陕劲松

柏　婷　赵俊明　郭永琴　秦　艳　董永刚

西沟口述史及档案史料

（1938—2014）

李中元　杨茂林　主编

刘晓丽　执行主编

单据卷一

本卷编者　陕劲松

人民出版社

出版说明

　　《西沟口述史及档案史料（1938—2014）》是2014年度山西经济社会发展重大课题，2016年度山西省哲学社会科学规划课题，是山西省社会科学院"西沟系列研究"课题组历时3年的研究成果，从2013年3月至2014年6月，课题组核心团队经过了艰苦的田野调查、深度访谈与原始档案的拍摄及扫描，拿到了大量的极其宝贵的第一手资料，这些资料全面深刻地反映了山西省平顺县西沟村，怎样从太行山深处的一个偏僻小山村，凤凰涅槃般地成为互助合作化时期的中国名村、成为全国农业金星奖章获得者所在地、第一届至第十二届全国人大代表诞生地的历史图景；到2015年3月，经过课题组全体成员艰苦紧张的专业性努力，这些原始资料成为在乡村社会史、当代中国史、口述史学、妇女史学等研究领域具有很大价值的学术成果。再经过一年多的修改打磨，2016年7月，全套书籍正式交由人民出版社，又经过一年多的出版方与作者双方的多次沟通、协商、精细化打磨，现在，这项研究成果终于要与读者见面了！其间艰辛自不必说！

　　《西沟口述史及档案史料》涵盖两大内容：一是西沟村民群体性口述史成果，二是从1938年至2014年间西沟村完整原始档案的整理与发掘，它们与本课题另一重要成果——反映西沟专题人物的口述史著作《口述申纪兰》相互印证，在西沟这个小小山村范围内，集专题人物、村民群体、原始档案整理于一体，在相关学术领域内的意义是有目共睹的。

　　"西沟系列研究"课题是立体性学术研究成果，首先，它突破了书斋式研究范式，课题组成员走向田野，走进被研究者生活之中，走进鲜活的社会现实，将平生所学运用于广泛深刻的中国农村变迁。这种科研体验是全新的，有生命力的，课题组的每一位成员，都在这种科研体验中得到了成长；其次，"西沟系列研究"课题从开题到正式出版，得到了方方面面人士的关注，除课题组成员付出大量的艰辛的劳动之外，从申纪兰以下，本套书中出现的每一位工作人员，都从不同方面为它的成功出版作出了努力。

　　整套书除已经明确署名部分外，其他分工如下：西沟口述史部分，第一章、第五章、第七章由赵俊明编撰，第二章由刘晓丽编撰，第三章、第四章、第六章由郭永琴编撰，第八章、第九章、第十章由张文广编撰。整套书由刘晓丽最后统稿。

　　本套书不足之处：口述访谈部分过于碎片化、一些提问缺乏深度，显示访谈者前期功课不足；档案史料部分，注重了史料的内容，忽视了拍摄清晰度，由于重新拍摄难度太大，只能对清晰度加以调整。这两个不足，既有主观原因，也有客观原因，不能不说是一大遗憾。

编　者

2017年7月29日

凡例二

一、本档案史料为《西沟口述史及档案史料（1938—2014）》的子课题，内容涵盖西沟村经济、土地林权、农林牧业、政治活动、人口、养老、青年工作、科教文卫、民事调解、人物手稿、照片、锦旗等。

二、本档案史料涵盖1938年到2014年的历史阶段。

三、本档案史料按不同专题分卷出版，有一个专题一卷，也有多个专题一卷，共分八卷。

四、所选档案史料一般以同一内容为一类别，或彼此有直接联系的组成一类别，同一类别内按照年代先后排序。

五、档案史料中涉及个人隐私部分，如姓名、证件号码等，一律作屏蔽处理。

六、所选档案史料如需注释，则在页下作注。

七、文中数字用法：

使用阿拉伯数字的情况：说明中的公历年月日、年龄等，一般用阿拉伯数字；一般有精确统计概念的十位以上数字用阿拉伯数字；一组具有统计意义的数字中，为照顾段落格式统一，个位数有时也使用阿拉伯数字。

使用汉字的情况：一个数值的书写形式照顾到上下文，不是出现在一组表示有统计意义数字中的一位数字，使用汉字，如一个人、三本书等；数字作为词素构成定型的词、词组或具有修辞色彩的语句用汉字。如：十来岁、二三十斤、几十万等；星期几一律使用汉字，如星期六等。

八、正文之后附录两篇：

附录一：西沟大事记述。简略记述从1938年至2014年间西沟重要历史事件及人物活动轨迹。

附录二：课题组采访编撰纪事。时间为2013年3月16日至2016年7月，即课题组的工作日志，从中可以了解本课题研究的基本脉络，成为重要的补充资料。

总　序

一

　　人类文明的演进经历了原始文明、农业文明和工业文明三个阶段。在历时上百万年原始文明阶段，人们聚族而居，食物完全依靠大自然赐予，必须依赖集体的力量才能生存，采集和渔猎是主要的生产活动。大约距今一万年前，人类由原始文明进入到农业文明，通过创造适当的条件，使自己所需要的物种得到生长和繁衍，不再依赖自然界提供的现成食物，农耕和畜牧成为主要的生产活动。在这一阶段，以畜牧为生的草原游牧民族逐水草而居，经常性地迁徙流动，居无定所；以农耕为生的农耕民族通过开荒种地，居住地逐步固定下来，在此基础上形成了农耕文明的重要载体——村庄。纵观历史，不论是社会生产关系的变革还是国家方针政策的调整，作为地缘和血缘关系组成的共同体，村庄始终能够保持一种较为稳定的结构。

　　放眼中华文明发展的历史长河，农业文明时代经历的时间漫长，在中华民族的形成和发展过程中具有不可替代的作用。中华民族创造了灿烂辉煌的农耕文明。历经几千年的发展，农耕文明成为中华民族的珍贵文化遗产之一，是中华文明的直接源泉和重要组成部分。农耕时代，特别是原始农耕时代，由于生产工具简陋，单个的人难以耕种土地，需要多人合作，甚至是整个部落一起耕种，由此产生了人与人之间的合作共存。可以说农耕时代是人和人关系最为密切的时代，也是人和自然关系最为密切的时代。

　　随着社会生产力的发展，人类征服和改造自然的能力日趋提高，随着铁器、牛耕的运用，单个的农户逐渐成为农业生产的核心，村庄成为组织农业生产最基本单元，在农业生产和农耕文明发展过程中起了重要作用。作为族群集聚地的村庄同时也是中华传统文化形成和发生的主要载体。村庄的历史，可以看成是一个民族一个时代的历史缩影。与时代发展有着特殊紧密联系的村庄，它的历史可以说代表着那个时代的历史，蕴含着那个时代的缩影。

西沟，一个深藏于太行山深处的小山村，是数十万中国村庄中的一个典型代表。她是中国第一个互助组的诞生地，她曾被毛泽东称赞为边区农民的方向，她是全国第一批爱国丰产金星奖章获得者。在相当长的一段时间里，她是共和国版图上唯一被标出名字的行政村。

清代理学家李渔在《闲情偶寄》中说过"辟草昧而致文明"，意即"文明"与"野蛮"是相对的，越是文明的社会，社会的进步程度就越高。马克思认为："文明是改造世界实践活动的成果，他包括物质和精神两个方面"。西沟人用自己的实践，不仅创造出了丰富的物质财富，创造出了更为丰富的精神财富。由于西沟的典型性和特殊性，村庄中留存有丰富的历史文化信息，保存下了大量的珍贵的档案史料。这些都极具价值，因而引起了我们的关注。

二

西沟是一个什么样的村庄呢？

明代以前的西沟，人烟稀少，还没有形成真正意义上的村落。明代洪武至永乐年间的大移民后，当地人口逐渐增多，村落渐趋形成。清代咸同年间以后，河南省林县（今林州市）的大量移民迁居当地，李顺达便是其中之一，今日西沟的村庄基本形成。在这几百年的历史进程中，西沟和当地的众多村庄一样，始终默默无闻。

历史更迭白云苍狗、风云际会，从上世纪三十年代末开始，西沟这个小山村与中国960万平方公里国土上发生的许多重大事件开始产生千丝万缕的联系。伴随着中国革命、建设和改革的历程，这里出了两位在共和国历史上有着相当影响的人物李顺达和申纪兰，西沟的历史也由于这两位人物的出现而发生了翻天覆地的变化。

山连山，沟套沟，山是光头山，沟是乱石沟，冬季雪花卷风沙，夏天洪水如猛兽。这就是民谣中所唱的过去的西沟。这样一个自然条件非常恶劣的穷地方，由于一个人物的出现而发生了根本改变。李顺达朴实、憨厚、善良，是中国农民的典型代表，在他的带领下，西沟的历史掀开了崭新的一页。在抗日战争最艰苦的岁月里，李顺达响应太行区边区政府"组织起来，自救生产"的号召，组织贫苦农民成立了全国第一个互助生产组织——李顺达互助组，组织群众开荒种地，度过饥荒。互助组通过组织起来发展生产，通过合作生产度过困难，在发展生产、支援前线的斗争中做出了突出的成绩，李顺达因此被评为民兵战斗英雄、生产劳动模范，西沟被评为劳武结合模范村。1944年，李顺达出席太行区召开的群英会，被评为一等劳动模范，晋冀鲁豫边区政府授予李顺达"边区农民的方向"的光荣称号，西沟成为中国农民发展的方向。

新中国成立后社会主义建设初期，西沟李顺达互助组向全国农民发出了爱国增产竞赛倡议，得到全国农民的热烈响应，极大地带动了全国农业生产的发展。1952年，中央人民政府农业部给李顺达颁发了爱国丰产金星奖状，他的模范事迹开始在国内外广为传播。1951年到1955年4年间，西沟农业生产合作社农林牧生产和山区建设都取得了显著成就。合作社的公共积累由120元增加到11000多元。1955年，社员每人平均收入粮食884斤，比抗日以前增加77%，比建社之前增加25.1%。这一成就得到了毛泽东主席的充分肯定。合作社副社长申纪兰动员妇女下田参加集体生产劳动，并带领西沟妇女争得了男女同工同酬。《劳动就是解放，斗争才有地位——李顺达农林牧生产合作社妇女争取男女同工同酬的经过》通讯1953年1月25日在《人民日报》发表后，在全国引起轰动，申纪兰由此名扬天下。1950年和1953年，李顺达和申纪兰先后成为全国劳动模范；1954年，李顺达、申纪兰当选第一届全国人民代表大会代表，两人双双出席了第一届一直到第四届全国人代会；李顺达于1969年和1973年分别当选为中共九届、十届中央委员。在20世纪50年代至60年代，西沟村成为共和国版图上唯一被标名的行政村。这期间，西沟的社会经济有了长足的发展。1971年，全村总收入达到33.64万元，粮食亩产533公斤，总产量达73.9万公斤，交售国家公粮15万公斤。为了改变恶劣的生态环境，在李顺达和申纪兰的带领下，西沟人开始大面积植树造林，70年代末，有林面积达10000余亩，零星植树100多万株，恶劣的生态环境逐步趋好。西沟成为那个时期太行山区农村建设中的一刻璀璨明珠。

党的十一届三中全会以来，农村发生了举世瞩目的变化，在这场伟大变革中，农村始终处于最活跃的状态。改革开放使得村庄这个社会经济细胞更具活力，成为家庭经营为基础、统分结合为特征的双层经营体制的主要载体，在农村经济中发挥着日益显著的作用。西沟在全国人大代表申纪兰为核心的领导班子带领下，把工作重点转移到调整产业结构、发展市场经济上来。村集体先后兴办了铁合金厂、饮料公司、"西沟人家"及房地产开发公司等企业，西沟初步形成了建筑建材、冶炼化工、农副产品加工等外向型企业为主的新格局。2008年，西沟经济总收入达到1.5亿元，实现利税1000万元，农民人均纯收入达到4000余元，是平顺县农民人均纯收入最高的村庄。此后，为了开展爱国主义教育和生态环境旅游，建设了金星森林公园，修复扩建了西沟展览馆，修建了金星纪念碑和互助组纪念雕塑。在改善生态方面，继续不断地植树造林，现今已有成林15000多亩，幼林10000多亩。光头山都变得郁郁葱葱，乱石沟到处都生机勃勃。

如今的西沟，已经由过去的农业典型变为绿色园林生态村、老有所养的保障村、西沟精神的红色村、平安敦厚的和谐村。西沟是一个缩影，它浓缩了新中国成立以来中国农村的发展和变迁，承载了中国几亿农民几代人追求富裕生活的梦想。今天，在西沟这种梦想正在一步步变为现实。

随着人类社会的发展，一个个自然村落的消失，从某种意义上讲，可以说是时代的必然，但从另一个方面而言，消失的又是一种传统和记忆。我们就是要传递和记载西沟这样一个村庄的变迁，把这种消失变为历史的存照，把传统和记忆原原本本地留给后人，原汁原味地展示在世人面前。代代相传的不仅是生活，更重要的是精神。建设一个新西沟，让村民一起过上幸福舒心的生活，是西沟人世世代代追求的梦想。望得见山水，记得住乡愁；梦想不能断，精神不能忘。

三

为了能够将西沟这样一个记录中国乡村几十年变迁的村庄的历史真实而详尽地展示给读者，研究选择通过口述史的方式来进行。以山西省社科院历史所研究人员为主体的研究团队，先后编撰出版了《山西抗战口述史》和《口述大寨史——150位大寨人说大寨》两部口述史著作，得到了学术界乃至全社会的认可，在口述史研究方面有着丰富的经验。让西沟人说话，让老百姓讲述，他们是西沟历史的创造者和见证人。通过他们的集体记忆，以老百姓原汁原味的口述来最大限度地还原真实的历史。课题组进行口述访谈的过程中，发现了西沟建国后至今的各种档案资料保存极为完整，为了弥补口述历史的不足，课题组从西沟现存的档案资料中选取价值较高的部分将其整理出版。经过课题组成员三年多的辛勤工作，《西沟口述史及档案史料（1938–2014）》（十卷本）终于完成了。

希望这套书能够真实、立体、全面地展现西沟的历史，并且希望通过课题组成员的辛勤工作，通过书中的访谈对话，通过对过去时代的人物、事件的生动、详细的描述，并且对照留存下来的档案资料，展现出西沟这个中国村庄几十年的历史变迁。同时力求能够为学界提供一批新的研究资料，为合作化时代的农村研究贡献一份力量，也为今天的新农村建设提供更多有益的借鉴。

由于课题参与者专业与学识积累的不同，编撰过程中遗漏、讹传甚至谬误之处，肯定难免，虽然竭尽全力去查实考证，去粗取精、去伪存真的任务很难全部完成。衷心希望社会各界众多有识之士提出宝贵的批评意见。

本套书出版之际，特别感谢西沟村民委员会、西沟展览馆，是他们为访谈活动、收集资料提供了诸多便利条件；感谢所有接受过课题组访谈的人们，正是他们的积极配合和热情支持，才使课题研究能够顺利完成；同时，也要特别感谢接受过课题组访谈的专家学者、作家记者以及曾经担任过领导职务的老同志们的热情支持。可以说，这套书是他们与课题组集体合作的结晶。

是为序。

山西省社会科学院院长、党组书记、研究员

李中元

2017年7月11日

序二

众所周知，乡村文化是中国文化的依托和根基，乡村又是连接过去和未来的纽带。在中国这样的农业大国，研究乡村就是寻找我们的根脉和未来发展的方向。

关于乡村的研究早在20世纪20年代就已开展，当时学者们已经将社会学和人类学的研究方法应用到村落研究当中，对中国乡村社会的政治、经济、文化、习俗和社会结构，以及其中的权力关系进行分析和综合。比较有代表性的论著有李景汉的《定县社会概况调查》、费孝通的《江村经济》和《乡土中国》、林耀华的《义序的宗教研究》和《金翼》、李珩的《中国农村政治结构的研究》等。在实证性资料收集方面，为了侵略中国，日本在我国东北设置了"南满洲铁道株式会社"，其庶务部的研究人员于1908年至1945年间在我国的东北、华北和华东进行了大规模的乡村习俗和经济状况调查，记录了大量的一手资料。

与学院式研究的旨趣完全不同，中国共产党人的乡村研究，是在大规模开展农民运动的同时展开的。他们更关注对乡村社会政治权力关系的改造，并写出了大量的社会调查报告。其中，毛泽东的《中国农民中各阶级分析及其对于土地革命的态度》《湖南农民运动考察报告》和彭湃的《海丰农民运动报告》最为著名。

学术界大范围多角度地对中国乡村社会进行深入细致的研究是从20世纪80年代才开始的。这一时期学者们收集资料的方式开始多元化，研究的角度也越来越丰富，从而诞生了一大批有影响的村落研究著作。如马德生等人通过对广东陈村26位移民的多次访谈而写成的《陈村：毛泽东时代一个农村社区的现代史》和《一个中国村落的道德与权力》等著作，侧重探讨了社会变革与中国传统权力结构的关联性，以及"道德"和"威严"等传统权力结构与全国性政治权力模型的联系。美国学者杜赞奇运用华北社会调查资料写成的《文化、权力和国家》，提出了"权力的文化网络"概念，用以解释国家政权与乡村社会之间的互动关系。萧凤霞在《华南的代理人和受害者》一书中通过对华南乡村社区与国家关系的变化过程的考察提出，本世纪初以来，国家的行政权力不断地向下延伸，社区的权力体系已完成了从相对独立向行政"细胞化"的社会控制单位的转变。90年代以后，张厚安等人系统地论述了研究中国农村政治问题的重要性，并出版了《中国农村基层政权》这部当代较早系统研究农村基层政权的专著。王沪宁主持的《当代中国村落家族文化》的课题研究，揭示了中国乡村社会的本土特征及其对中国现代化的影响。王铭铭和王斯福主编的《乡土社会的秩序、公正与权威》等著作，通过对基层社会的深入考察，关注了中国乡土社会的文化与权力问题。徐勇在《非均衡的中国政治：城市与乡村比较》这部专著中，从城乡差别的历史演进出发，运用政治社会学和历史比较分析等方法，对古代、近现代和当代城市与乡村政治社会状况、特点、变迁及历史影响进行了系统的比较分析。黄宗智的《华北的小农经济与社会变迁》及《长江三角洲小农家庭与乡村发展》从社会学和历史学的视野，分析了近一个世纪以来村庄与国家之间的相互关系。中国社会科学院农村发展研究所主持编写的《当代中国的村庄经济与村落文化丛书》对乡村社会结构及权力配置问题也给予了一定的关注。其中，胡必亮在《中国村落的制度变迁与权力分配》一书中对制度创新与乡村权力的关系进行了实证分析。

毫无疑问，这些研究成果对我们认识中国村落经济社会政治关系和权力结构提供了许多相关性结论和方法论启示。但是，这些从不同的理论视野及不同的理性关怀所得出的研究成果，或是纯理论的推论而缺乏实证考察，或者是在实证研究中简单地论及乡村问题，而没有将村落问题作为一个专门的领域来进行全面而系统的实证研究，缺乏在观念、制度和政策层次上进行深入、精致、系统的分析，尤其是对村落社会整体走向城市变迁过程中村落经济、社会、政治、文化结构的连续转换缺乏细致的研究。之所以出现这些不足，除了我们需要新的理论概括和更高层次的综合外，还在于我们对于基本资料的掌握不够完善，无论是在区域的广度上，还是个案资料的精度上，都有继续探寻和整理的必要。

如前所述，早在20世纪上半叶，在乡村研究进入学者视野之时，资料搜集工作便已开始。到了20世纪80年代以后，随着学术视野的开阔和多学科研究方法的引入，学者们资料搜集的方式也日趋多元化，口述访谈、田野调查、文本收集等方法都被普遍采用。这一时期，乡村档案资料受到了学者更多的关注。

相比口述史料，档案资料有其先天的优势。所谓档案："是指过去和现在的国家机关、社会组织以及个人从事政治、军事、经济、科学、技术、文化、宗教等活动直接形成的对国家和社会有保存价值的各种文字、图表、声像等不同形式的历史纪录。"[1]也有学者指出："档案是组织或个人在以往的社会实践活动中直接形成的清晰的、确定的、具有完整记录作用的固化信息。"[2]简言之，档案是直接形成的历史纪

---

[1] 《中华人民共和国档案法》（1988年1月1日执行）。

[2] 冯惠玲、张辑哲：《档案学概论》，中国人民大学出版社2006年第二版。

录。它继承了文件的原始性和记录性，是再现历史真实面貌的原始文献。原始性、真实性和价值性是档案的基本属性。而这些属性也恰恰反映出了档案资料对于历史研究的重要意义。可见，乡村社会研究若要更加深入决然离不开这些宝贵的乡村档案资料。

西沟村位于山西省平顺县的太行山区，与现在的生态环境相比，曾经是山连山，沟套沟，山是石头山，沟是石头沟，冬季雪花卷风沙，夏季洪水如猛兽，真可谓是穷山恶水，不毛之地。西沟土地贫瘠，最适合种植的经济作物是当地人称之为地蔓的土豆，土地利用率也很低，一般只有三年时间，即第一年种土豆，第二年种谷子，第三年种些杂粮，到第四年地力基本就耗尽了。历史上这里的常住人口除少量为本地居民外，大多为河南迁移来的难民。而今的西沟甫入眼中的却是一片郁郁葱葱，天然氧吧远近闻名。而西沟人也住进了将军楼，吃上了大米白面，过上了衣食无忧的生活。可以说，西沟人的生存环境和生活状态都有了天翻地覆的变化。纵观西沟村的形成和发展史，无不与中国共产党的领导紧密相连。西沟村发迹于中国共产党领导下的农业生产互助合作组，成长于农业合作化和新农村建设时代。在新中国建立的最初十几年中西沟代表了中国农村发展的方向，在中国农村发展史上具有里程碑式的地位。

西沟是典型的金木水火土五行俱缺的穷山沟，西沟人在中国共产党人的带领下用艰苦奋斗、自力更生、顽强拼搏的精神，以无比坚强的意志坚持互助合作、科学建设，用自己的劳动改变了穷山恶水的生态环境。改变自己的境遇虽是人性最深处对生存的渴望和作为社会的人的一种追求的体现，但是必须肯定的是中国共产党的领导是这种境遇得以改变的关键。从西沟的发展过程来看，党的领导在西沟发展的各个时期都发挥着主导的作用，西沟党支部在任何时候都是人们的主心骨，党的领导催发了西沟人锐意进取、奋发向上的精神。现在的西沟是平顺县最富裕的村庄，在许多老人眼里，村里提供的福利待遇在整个平顺县都是"头等"水平，村集体的实力也是最强的。然而我们还必须正视西沟在历史上和当下遇到的问题。它既是中国共产党领导下的代表了中国农村方向十余年时间的一面旗帜，同时也是改革开放后中国农村中发展缓慢的村庄之一。如此大的差距，应当如何理解？从更广的层面来看，当下中国农村社会发展同样出现了不平衡问题，而且差距越来越大，这一难题又应当如何破解？可以说小到一个个体村落，大到全中国的所有农村，都面临着严峻的发展问题。这是我们国家发展的全局性、根本性问题和难题。我们认为要破解这一难题需要回到历史中去寻找它的根源。

我们无法还原历史的真实，只能无限地接近历史的真实，那么原始资料可谓是实现这一愿望的最好选择。西沟村在这一方面便有着得天独厚的优势。从李顺达执掌西沟村开始，西沟村的档案管理工作就开始有条不紊地展开。直到20世纪80年代，随着社会形势的改变，长期积累的档案资料面临散失的危险。这时西沟村党总支副书记张章存在村两委的支持下，组织人手对20世纪30年代到80年代的档案资料进行归类整理，完整地保留了西沟村在集体化时代的档案资料。此后，村两委又建立了规范的档案存放体制，延续至今。可以说，西沟档案资料无论在保存的完整性，数量的众多性和内容的丰富性上，都是其他地方保存的同时期档案资料无法比拟的。现在呈现在大家面前的《西沟档案史料》，正是从山西省社会科学院"西沟系列研究"课题组于2014年4月16日到5月29日期间，历时一个半月在西沟村搜集的原始资料中抽取的精华部分汇编而成。这批内容丰富且极具研究价值的档案资料，不仅是典型村庄生产生活全景的详细记录，也是研究山西乃至中国农村历史珍贵的原始文献资料，对于重新认识当时的历史具有重要的价值与意义，也可为新农村建设和破解当前中国农村遇到的发展难题提供有益的借鉴。

《西沟档案史料》共分为八卷，即《西沟口述史及档案史料（1938—2014）》的第三卷至第十卷，包括村政、村务经济、社会人口、土地林权、单据、历史影像等六个专题。

《西沟档案史料》基本上每个专题单独成卷。由于村政类和单据类档案资料内容最为丰富，因此选择的资料较多，将其各分为两卷。

村政类档案资料收录在第三卷和第四卷。此类资料时间跨度很长，从1938年至2014年，历时70余年。其内容非常丰富，涉及政治、经济、科教文卫、社会救助、村民矛盾调解、精神文明建设等各个方面，几乎覆盖了西沟村发展的方方面面。村政卷虽名为村政，但由于西沟村的特殊性，其内涵实则极为丰富，不仅是西沟社会管理工作的汇编，其实更是西沟村级事务的综合。通过村政卷的资料，人们不仅能够了解西沟的社会管理和村级事务变迁，也能了解中国近现代基层农村的发展历程。

单据类档案资料是西沟村档案资料中保存最多的一类。此次呈现给大家的主要是1970年和1975年部分月份的会计凭证，分别收录在第八卷和第九卷。为保证单据的原始性，我们保留了单据保存时期的初始状态，按原档案保存形式，整体收录。这就造成了一个年份分布在两卷资料中，而且月份也未能按照顺序排列的缺憾。但是这些单据之间有着天然的相关性，不仅可以进行统计分析，而且也能够给我们提供20世纪70年代有关西沟村产业结构、生产经营、收入水平、商业贸易等集体经济活动方面的诸多信息。其中有关收入和支出的财务单据客观反映出了西沟村集体经济生产、经营、流通、销售的情况，西沟村商业贸易活动所覆盖的地区以及西沟村民当时的生存状态。

第五卷为村务经济卷。该卷成分单一，主要反映的是20世纪50年代到70年代西沟村经济活动的详细情况，包括财务状况和经营成果。包括分配表、工票领条表、记工表、粮食结算表、粮食分配表、金额分配决算表、参加分配劳动日数统计表、预分表、包产表、任务到队（初步计划）表、固定资产表、账目、小队欠大队粮登记表、历年各项统计表等十四类。这些财会信息保存完整，内容丰富，是研究中国农村生产生活难得的资料。

第六卷为社会人口卷。该卷分为人口和社会保障两大部分。人口部分以西沟村二十世纪七、八十年代的常住人口和劳动力及青壮年人口统计表为主，能够反映不同阶段男女劳动力比例和工分分配情况。社保服务的内容主要为2011–2013年的村民医疗和参保的部分数据，反映出西沟近年来在社保服务这一方面所做的工作和取得的成绩。

第七卷为土地林权卷。该卷涵盖了20世纪50年代到21世纪初期西沟村重要的林木入股、林权证、土地入股、土地所有证和宅基地申请、审批等资料。该卷是对我国农村土地、山林等生产资料进行四次确权过程的鲜活例证，反映了我国农村土地制度由农民私有制发展到土地合作社、人民公社，再到农村村民自治的村民委员会所有的集体所有制的演变过程。

第十卷为历史影像卷。该卷收录的资料从图像和文本的角度反映了西沟七十余年的发展历程，不仅生动体现了西沟人改天换地的战斗精神，再现了西沟进行社会主义农村建设的生动画面，而且也显示出了西沟对于中国农村发展的影响，是深入研究中国农村历史的重要依据。本卷根据资料的相关性将其分为书信手稿、领导题词、照片资料、锦旗、会议记录以及工作笔记等六大类。这些资料真实的体现了西沟村为探索中国农村的发展道路做出的卓越贡献。

保持西沟档案资料的原始性是我们进行此次资料汇编坚持的重要原则。此次收入的资料全部原图拍摄，不进行任何加工，档案排序也遵照原有序列不做任何调整。同时由于篇幅有限，我们还会对收录的资料进行一些选择，力争收录内容有代表性且相对完整的材料，这样就可能将一些零散的资料剔除，因此会出现一本档案不能全部收录的情况。由此给大家带来的不便，我们深表歉意。尽管我们在资料的选择和编辑上进行了多次的讨论和修改，但是由于学识有限，其中一定还存在不少问题，衷心希望资料使用者能提出宝贵的批评意见。

在本书出版之际，我们特别感谢西沟村两委，尤其是西沟村党总支书记王根考、原党总支副书记张章存、村委办公室主任周德松、村支委委员郭广玲的大力支持。在他们的积极配合和热情支持下，我们才得以将这些尘封的档案资料搜集、整理、选择，并汇编成册，奉献在大家的面前。

杨茂林

2017年4月

目　　录

1

本卷序

　　本卷为会计凭证资料的汇编。会计凭证是记录经济业务、明确经济责任、按一定格式编制的据以登记会计账簿的书面证明，是记录和反映经济业务的重要史料和证据。它是对一个单位经济活动的记录和反映，通过会计档案，可以了解每项经济业务的来龙去脉；可以加强对各历史时期内农村经济活动、村民生活水平的了解。

　　会计凭证按其编制程序和用途的不同，分为原始凭证和记账凭证，前者又称单据，是在经济业务最初发生之时即行填制的原始书面证明，如销货发票、款项收据等。后者又称记账凭单，是以审核无误的原始凭证为依据，按照经济业务的事项内容加以归类，并据以确定会计分录后所填制的会计凭证。它是登入账簿的直接依据，常用的记账凭证有收款凭证、付款凭证、转账凭证等。

　　定期整理完毕的会计凭证按照编号顺序，外加封面、封底，装订成册，并在装订线上加贴封签。在封面上，写明单位名称、年度、月份、记账凭证的种类、起讫日期、起讫号数，以及记账凭证和原始凭证的张数，并在封签处加盖会计主管的骑缝图章。因此，本册的资料排序按凭证号码顺序还原，没有按科目归类。对各种重要的原始单据，在其所属号码内按时间整理编成目录。由于票据黏贴、字迹潦草等情况，所以每张单据的具体内容未全部注明。

　　二十世纪六七十年代的人民公社时期，西沟生产大队是人民公社14个生产大队之一，全称为西沟人民公社西沟生产大队。本书的研究对象是西沟生产大队的档案资料—单据。从所呈现的资料中，我们可以获得西沟村六七十年代有关村产业结构、生产经营、收入水平、商业贸易等集体经济活动方面的许多信息。

　　本卷单据的时间跨度为1970年2月、10月、11月、12月四个月时间。随着时代的变化，村财务所使用的公章随着西沟村名称的变化而变化。据《西

1

沟村志》记载，1967年-1982年期间，村政权名称为西沟大队革命委员会。从1970年这三个月的单据显示，当时的公章全称为平顺县西沟人民公社西沟生产大队财务专章，当时的大队长兼支部书记为李顺达。此外单据中所显示的公章还有平顺县西沟人民公社革命委员会、平顺县手工业经理部革命委员会、晋东南地区农业机械管理供应站革命委员会等与之有业务往来单位的财务专用章。

西沟公社的经济结构是以农业为主，农林牧副多种经营并存。西沟大队下属的生产队包括有农业队、林业队、牧业队、工副业队等12个生产小队，其中农业队下分9个生产小队，牧业队、林业队、工副业队各一队。在生产实践中：分农业、林业、牧业、工副业、建筑业等不同队别。在农业生产方面：实行定土地、定劳力、定农机具、定肥料，实行包工、包产、包财务，超产节支奖，减产超支赔。在生产管理方面：1955年-1982年，西沟结合居住分散，地域广袤，自然条件恶劣的特点，本着有利于山区建设，有利于生产力水平的最大的发挥，实行统一规划、统一实施、统一经营、统一核算、队为基础、允许差别、全奖全赔的管理模式。

第一类农业队

农作物以粮食作物为主，播种面积占全村农作物播种面积的80%以上。在粮食作物中以秋收作物为主，玉米和谷子最多；其次为高粱、大豆、大麦等。另外有一些蔬菜，如白萝卜、白菜、红薯等。1970年玉米在西沟村的粮食作物中居秋粮作物之首。经济作物以党参为主，地蔓次之(又叫土豆)，再次为蓖麻、麻油、药材等。经济作物播种面积历年占全村农作物播种面积的15%左右。70年代，全村党参种植面积达到80多亩，总产达到1万公斤，收入可达到4万多元。

第二类牧业队

在牧业生产和管理方面实行"定饲养员、定牲畜、定饲草饲料、定采粪量"，"包工、包产犊数量、包膘肥等级"，超标奖励，不达标扣工。西沟主要养殖猪、羊、牛、驴等牲畜。西沟村的牧业队主要有大队猪场，马牛驴等大型牲畜的养殖实行分户经营。1970年大牲畜存栏256头，畜牧业养殖收入由1949年的1250元增加到1970年的10165元。

第三类林业队。

在林业生产上实行"定林坡果园、定种子肥料、定造林任务和管理要求、定机具"，包工、包产量、造林、管理任务、包财务。主要种植经济树木苹果、党参等。七十年代，西沟村种植的林木除满足本村的生产和生活需要外，已经能出售部分木材。苹果园果树的种植达到300多亩，年产苹果30万公斤左右。

第四类工副业队

在工副业生产上实行"定机具、定出勤、定机具维护、定消(损)耗"，"包工、包数量、质量、包收入"，完成和超出定额任务奖励，未完成任务和造成损失赔偿。70年代，铁厂、粉坊、醋坊、油坊、石灰窑、砖瓦厂、木器加工厂等工副业项目在西沟从无到有，还发展起专门服务于本村农林牧生产的装配、电器、修理、运输、建筑等副业项目，建成了村办农机修造厂、加工厂等村集体工业。

关于集体收入。西沟公社按照统一收入，确定分配扣留比例，实行全社统一分配。所有收益40%作为社员分配，60%归公社作为积累。社员分配部分实行"供给制"和"工资制"相结合，各占50%，工资开始按人均，后来改为按劳动力强弱分8级评定。

(一)农业收入。农业收入主要有粮食作物和经济作物两类收入。单据中显示西沟村农业收入主要以收取粮食款为主，同时向周边大队出售一定量的谷种和玉米种。如与邻村的兄弟队双井大队用玉米换高粱种子的单据；向黎城县正社大队出售春杂12号、交革1号、3811-金03等优良玉米种子的单据；向壶关黄崖底大队出售长农1号谷种和3号高粱种。经济作物收入以党参为主，地蔓(又叫土豆)次之，再次为蓖麻、麻油、药材和一些本土瓜菜等。

(二)林业收入。苹果和木料是西沟村集体收入的一项重要经济来源。单据资料显示，购买西沟村苹果的单位主要有当地的军分区、解放军部队、县武装部等，县武装部一次就购入73714斤苹果。

(三)牧业收入。主要是出售种羊、种牛、种马，出售羊毛以及牛羊肉。在满足本村需要的情况下，每年向兄弟社队廉价出售20多头大型牲畜。如卖给长治市马厂公社张庄四队驴牛各3头，分别收入1054元和800元的单据；兽医为其他生产队牲畜开槽、看病和卖药的收入单据等。

(四)副业收入。

从单据可以看出，副业收入是西沟村整个经济收入中类别比较繁多的部分。

1.加工厂收入。主要是出售加工厂生产的产品，包括木料、农用工具的零配件、家用刀具等。如川底大队、池底大队购买西沟村加工厂的零配件、面刀等单据；西沟采矿厂购买电机的单据。其次是加工费用，主要是为采矿厂、信用社、县接待站、战备团以及其他生产大队等单位及个人加工、修理、焊接零配件和农具等单据。

2.运输费。主要是西沟村的车队为周边各地运输水泥、砖瓦、沙子等建筑材料的收入。

3.建材收入。西沟村生产的建筑材料主要为砖瓦、水泥、木料等。单据显示曾向周边的石匣水库、完全小学、南赛小学等出售砖瓦和沙子。

4.其他收入。组织村民进行对外加工作业。如为平顺皮革生产合作社加工皮毛；组织村民为战备团十一连进行土坯补草等。此外还有如油坊、粉坊、醋坊等副业收入。这些小作坊式的生产主要以本村使用为主，很少向外出售。据单据记录，只有少量的粉条和菜籽油对外销售过。

关于集体支出。

(一)公共支出。第一类集体采购。一是购买较大型的农机具，如切草机、脱粒机、拖车皮以及拖拉机等的单据；二是购买生产生活资料，如煤炭、机械用油等单据；三是各类农机用具零配件的购买和修理费用的单据。第二类差旅费。差旅费包括个人出差补助和交通住宿费用。单据显示，当时西沟村村民的出差范围主要包括长治市等周边地方，最远到了河南的林县。第三类公共事务及其他开支，分现金支付和实物支付两种。

1.现金支出。

(1)劳动日村民实际分配款项。

(2)办公用品支出。资料显示有村委以及各生产队购买灯泡、笔记本、语录等的单据。

(3)基建费用。如修建西沟供销社、完全小学等单据。

(4)社会事业支出。一是娱乐费用。如1970年2月13号和1970年12月3日两次邀请电影放映队为村民放映电影南京长江大桥和红灯记的单据。二是接待费用。如平顺县革委会驻西沟学习的单据，为解放军管饭单据，接待地区第一剧组单据等。

2.实物支出。

(1)临时聘用村民干活的补助。如临时雇佣做饭人员的补助为一天一元的单据，为帮忙村民补助粮食60斤谷子的单据。

关于借贷账务往来。西沟村民与村委之间的借贷账务在本单据资料中占有很大比例。资料显示，村民支出的主要形式为借款单据。这些借款单据大都由西沟村、池底村、南赛村村民本人写出，村委同意后，借款人在单据上摁红手印或者盖名章生效，借款额度分别为五元至二十元不等，五元、十元为村民借款最多的数目。大量的个人借款单据，可以反映出当时民众生活的一些境况。

关于商业贸易活动。在商业贸易活动中，反映收入和支出的财务单据不仅客观的表现了西沟村集体经济生产、经营、流通、销售，而且能够体现出西沟村商业贸易活动所覆盖的地区。

（一）本村内部的贸易往来。如西沟供销合作社西沟分销店、西沟生产资料门市部 。（二）与兄弟大队的贸易往来。如东峪沟大队的西蛮掌煤矿、川底大队、杨威大队、池底大队等。（三）与平顺县的贸易往来. 如平顺县农业机械公司(购买水管脱粒机、灯泡、切脱机、拖车皮)、平顺县百货公司(购买汽车拖拉机的油费支出单据)、平顺县地方国营水泥厂、平顺县百货公司零售门市部(如购买鸡毛掸子、口哨单据)等。（四）与长治市以及各县的贸易往来。如市粮食局和城关大库(有关粮食来往的单据)、潞城县煤矿(购买煤炭的单据)、屯留县西洼大队、与壶关县百尺公社赵威大队的(购买高粱、煤来往的单据)、长治市(如在晋东南专区机电设备公司、汽车配件公司、农业生产资料经理部、百货公司英雄街商场（购买仪表、开关、水泵、油咀等单据)、长治市合作旅馆和接待站。(五)与外省的经济贸易往来。如往河南林县郭家庄拖拉机运沙子的运费单据。(六)与部队的贸易往来。如县武装部、解放军部队、战备团等。

通过对这些单据的整理、梳理和研究，我们对六七十年代西沟村集体经济发展有了一个初步的了解。50年代末期，在李顺达、申纪兰的带领下，经过了互助组、高级农业生产合作社的发展阶段后，西沟村顺应时代潮流，进入了人民公社化时期。西沟村集体经济发展的累累硕果，是我们时代的一个缩影，最终成为当时中国农业集体化道路上的一面旗帜，影响直至今日。

本卷内容简介

　　西沟村，这个影响着中国农村发展半个多世纪的小山村，自力更生，艰苦创业，把一个几乎不具备生存条件的旧西沟建设成一个农、林、牧、副、工、商全面发展的新西沟。从人民公社时期开始，中国乡村就已经建立起一套相对完善与成熟的财务统计与文书保管体制。我们这次在西沟的调研中，收集到了一批珍贵的西沟村会计凭证等资料。本卷的研究对象就是西沟生产大队的档案资料——单据。从所呈现的资料中，我们可以获得西沟村六七十年代有关西沟村产业结构、生产经营、收入水平、商业贸易等集体经济活动方面的许多信息。西沟大队的生产队包括有农业队、林业队、牧业队、工副业队等12个生产小队。村经济结构以农业为主，林、牧、副等多种经营成分并存。集体收入主要包括了农业收入、林业收入、牧业收入和副业收入四类，其中农业收入是其收入的主要部分，副业收入是整个村经济收入中类别比较繁多的部分。集体支出主要包括了集体采购、差旅费和其他公共事务开支。西沟村民与村委之间的借贷账务在本单据资料中也占有很大比例。在商业贸易活动的单据中，反映收入和支出的财务单据不仅客观地表现了西沟村集体经济生产、经营、流通、销售，而且能够体现出西沟村商业贸易活动所覆盖的周边地区。通过对这些单据的整理、梳理和研究，我们对六七十年代西沟村集体经济的发展和群众生活水平有了一个初步的了解。这批内容丰富且极具研究价值的财务数据资料，是研究建国后农村历史的极其珍贵的村庄级原始文献资料，是当时农村经济与社会生活全景的全面而详细的记录，是后人考察研究近现代山西农村经济活动的重要史料，这些资料的发现与利用对于重新认识该时期历史亦具有重要的价值与意义。

　　由于距今时间较长和客观条件所限，保存下来的会计凭证并不是很完整，这是很大的缺憾。但我们尽可能的在已有的资料基础上，原封不动地保存好每页单据，希望对读者的研究工作能有所帮助。

本卷编者简介

　　陕劲松，女，1975年10月生，山西省阳城县人，山西大学历史系毕业，研究生学历，1999年获学士学位，2003年获硕士学位。现为山西省社会科学院历史研究所现代史研究室主任、副研究员。主要研究方向为中国近现代史、文明史、山西民俗以及三晋文化。

单据一

一、会计凭证1970年2月1日至28日（第九号至第二十四号）

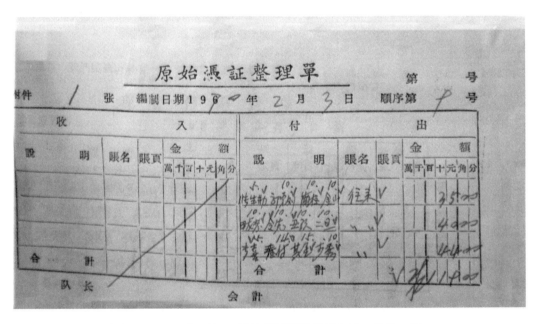

图 1-1　1970年2月3日原始凭证整理单第九号，附件一张

图 1-1-1　1970年2月3日现金付出凭单

图 1-1-2　1970年2月1日借款收据

图1-1-3 1970年2月3日借款收据

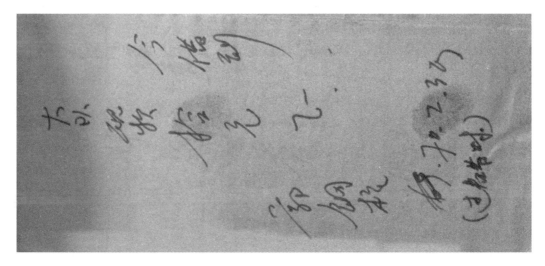

图1-1-4 1970年2月3日借款收据

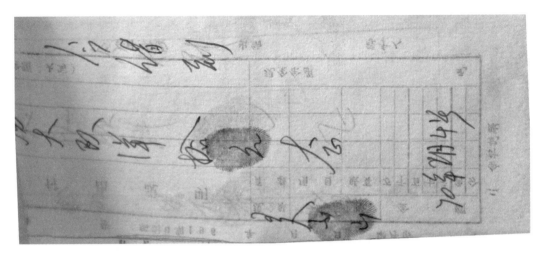

图1-1-5　1970年2月4日借款收据

图1-1-6　1970年2月4日借款收据

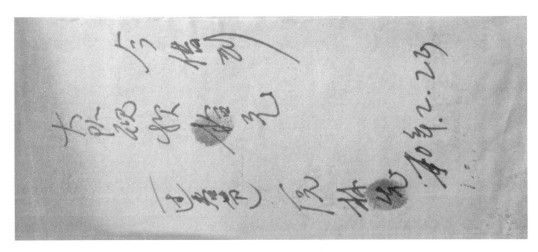

图1-1-7　1970年2月4日借款收据

图1-1-8　1970年2月2日借款收据

图1-1-9　1970年2月3日借款收据

图1-1-10　1970年2月3日借款收据

图1-1-11 1970年2月2日借款收据

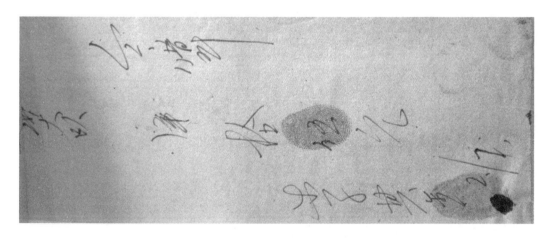

图1-1-12 1970年2月2日借款收据

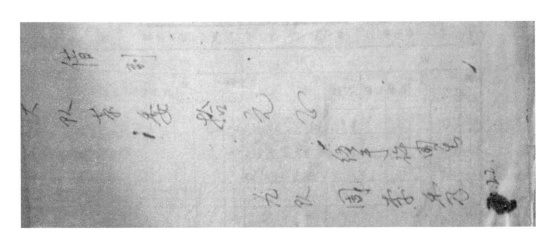

图1-1-13　1970年2月3日借款收据

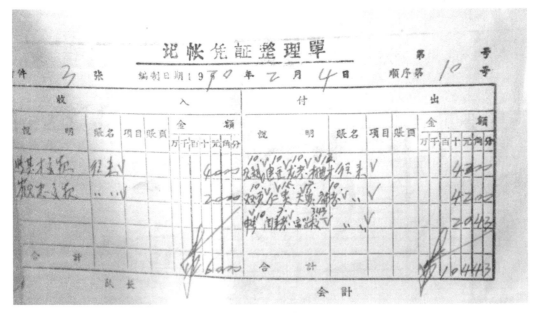

图1-2　1970年2月4日原始凭证整理单第十号，附件三张

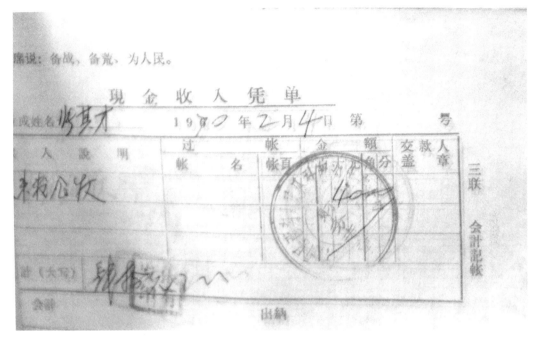

图1-2-1　1970年2月4日现金收入凭单

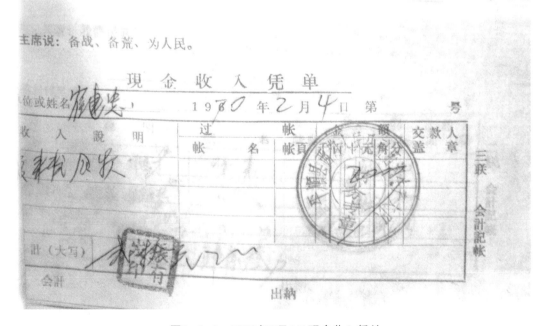

图1-2-2　1970年2月4日现金收入凭单

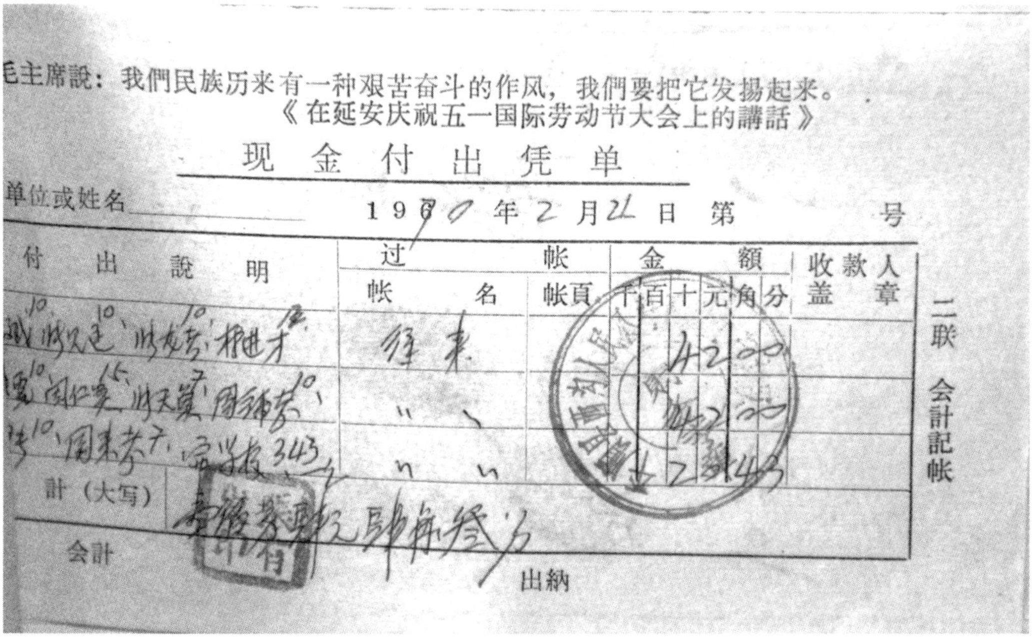

现　金　付　出　凭　单

单位或姓名＿＿＿＿＿　1970年 2月21日　第　　号

付　出　說　明	过　　帐		金　　额						收款人盖章	二联　会計記帳
	帐　名	帳頁	千	百	十	元	角	分		
	往来									
	〃									
	〃									
計（大写）										
会計				出納						

图1-2-3　1970年2月4日现金付出凭单

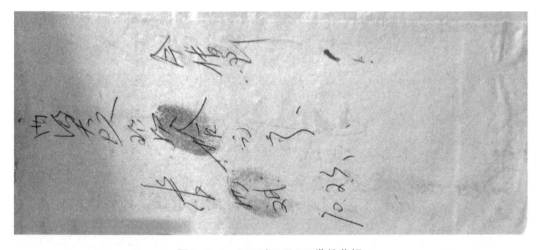

图1-2-4　1970年2月3日借款收据

图1-2-5　1970年2月3日借款收据

图1-2-6　1970年2月3日借款收据

图1-2-7 1970年2月2日借款收据

图1-2-8 1970年2月3日借款收据

图1-2-9　1970年2月3日借款收据

图1-2-10　1970年2月2日借款收据

图1-2-11 1970年2月3日借款收据

图1-2-12 1970年2月4日借款收据

图1-2-13　1970年2月4日借款收据

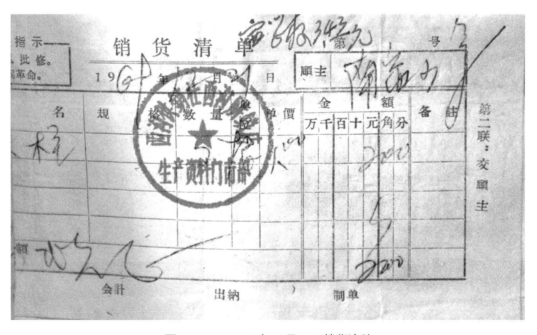

图1-2-14　1969年12月21日销货清单

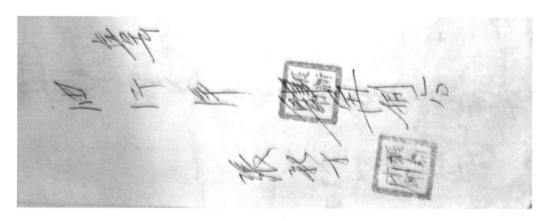

图1-2-15　1970年1月17日购油收据

图1-2-16　1969年11月1日修理茶壶收据

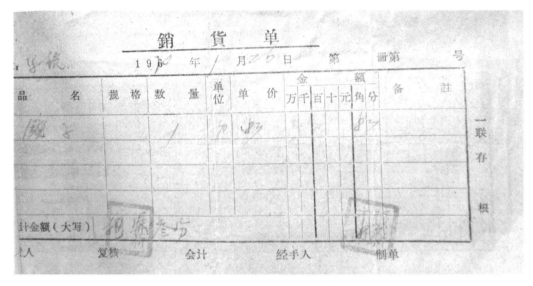

图1-2-17　1970年1月26日销货单

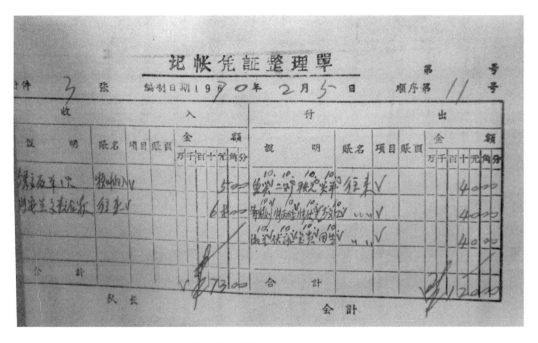

图1-3　1970年2月5日记账凭证整理单十一号，附件三张

17

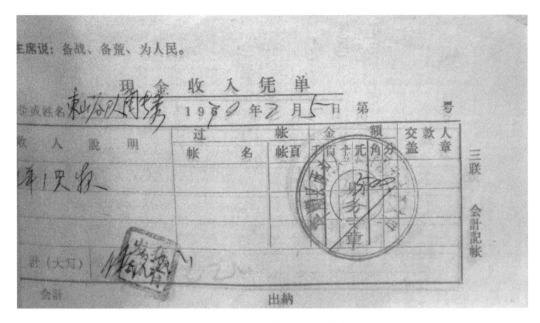

图1-3-1　1970年2月5日现金收入凭单

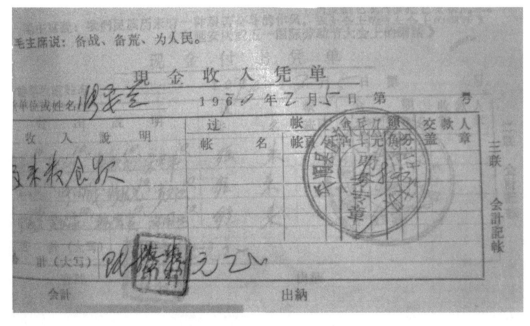

图1-3-2　1970年2月5日现金收入凭单

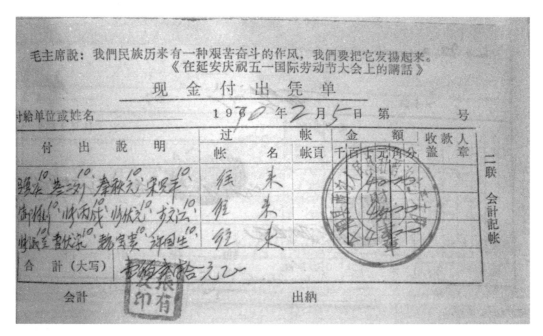

图1-3-4　1970年2月5日现金付出凭单

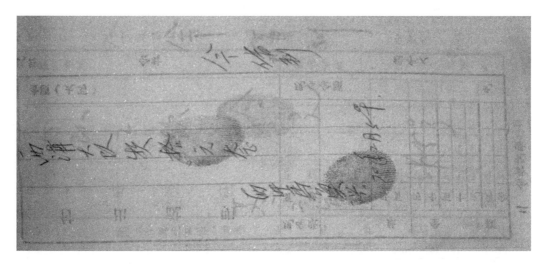

图1-3-5　1970年2月5日借款收据

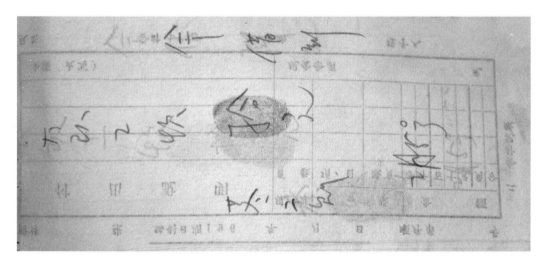

图1-3-6　1970年2月5日借款收据

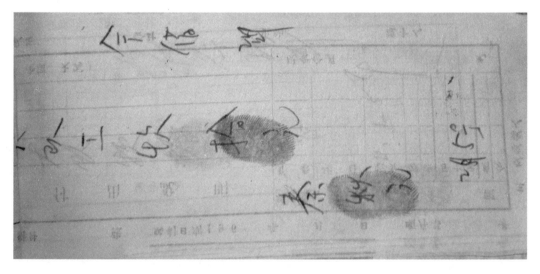

图1-3-7　1970年2月5日借款收据

图1-3-8 1970年2月5日借款收据

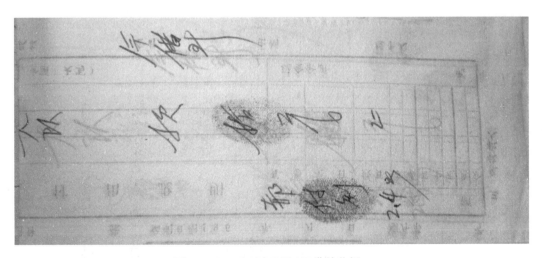

图1-3-9 1970年2月4日借款收据

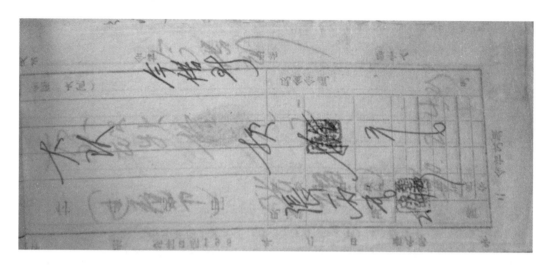

图1-3-10 1970年2月4日借款收据

图1-3-11 1970年2月4日借款收据

图1-3-12 1970年2月4日借款收据

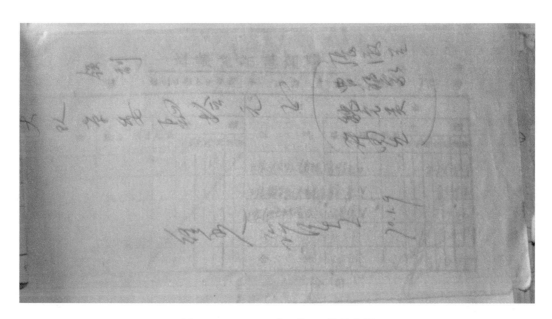

图1-3-13 1970年2月9日借款收据

記帳凭証整理單

第　号

附件 1 張　編制日期 1970 年 2 月 5 日　順序第 12 号

收				入	付				出
說明	賬名	項目	賬頁	金額 万千百十元角分	說明	賬名	項目	賬頁	金額 万千百十元角分
					3队抽水（参款）	农业投资 V			21683
					3队肉松（参当款）	往来 V			8512
					1队四七三七部队	公益金 V			750
合計					合計				31625

队长　　会計

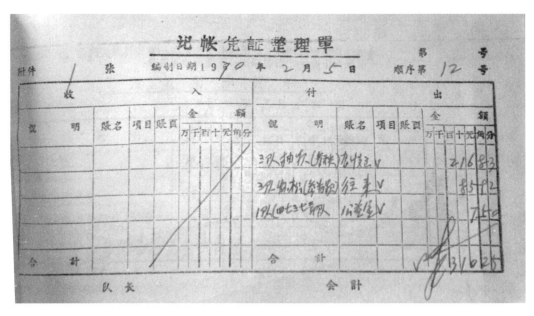

图1-4　1970年2月5日记账凭证整理单十二号，附件一张

毛主席說：我們民族历来有一种艰苦奋斗的作风，我們要把它发揚起来。
《在延安庆祝五一国际劳动节大会上的講話》

现金付出凭单

給单位或姓名　　1970 年 2 月 5 日 第　号

付出說明	过帳 帳名	帳頁	金額 千百十元角分	收款人盖章
216.83 队参款	农业投资		21683	
队肉松参当款	往来		8512	
队四七三七部队 慰问款	公益金		750	
計（大写）叁佰壹拾元陆角贰分				

会計　出納

二联 会計記帐

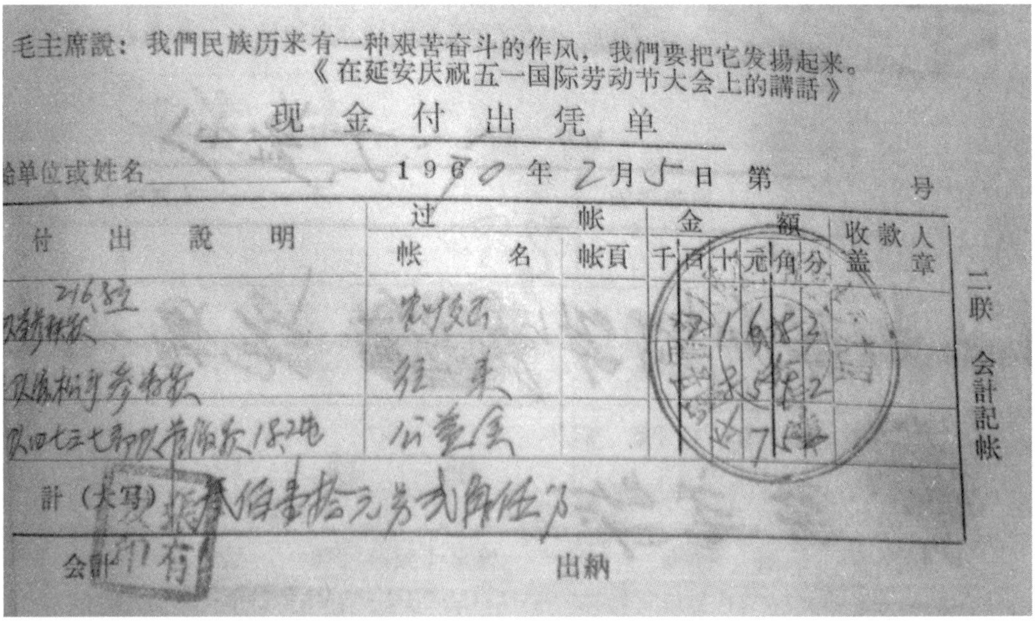

图1-4-1　1970年2月5日现金付出凭单

图1-4-2　1970年2月3日党（当）参秩款收据

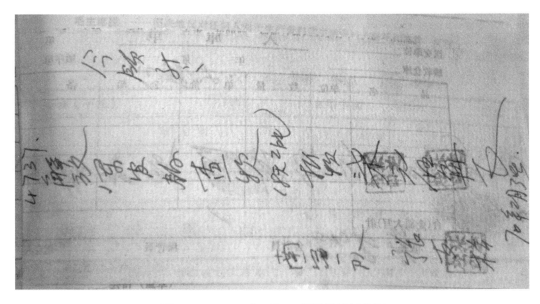

图1-4-3　1970年2月3日解放军管饭收据

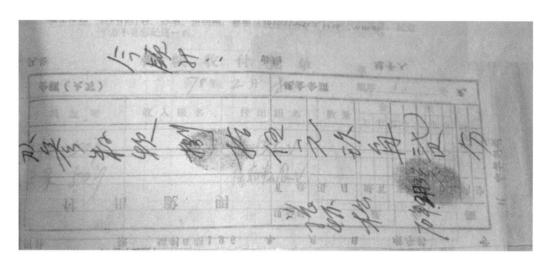

图1-4-4　1970年2月3日党参秧款收据

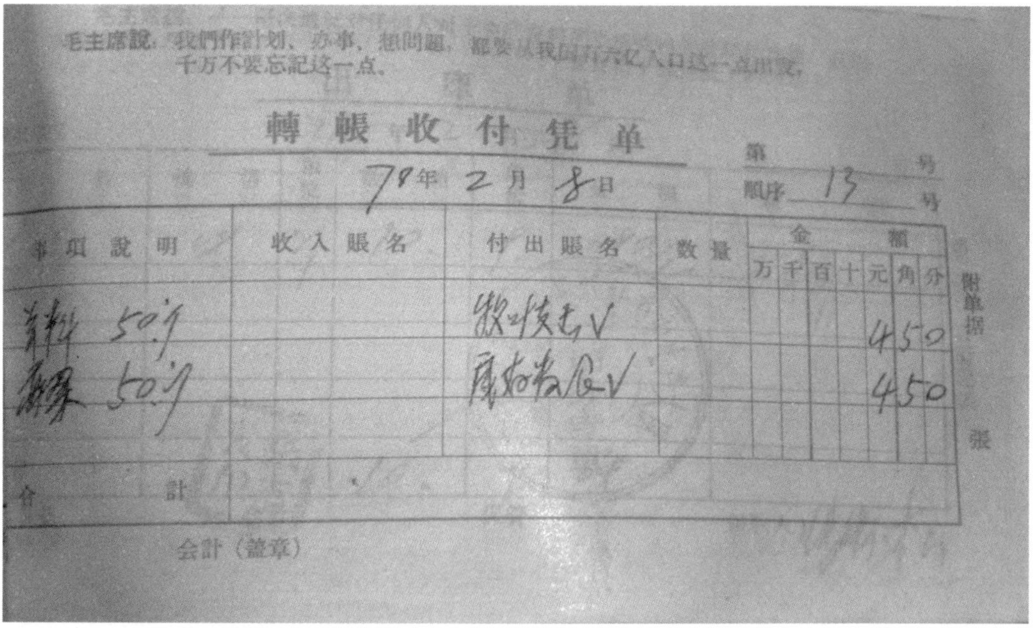

毛主席說：我們作計划、办事、想問題，都要从我国有六亿人口这一点出发，
千万不要忘記这一点。

轉帳收付凭单

70年2月8日　顺序 13 号

事項說明	收入賬名	付出賬名	数量	金　額							
				万	千	百	十	元	角	分	附单据
青料 50.分		粮站付去√						4	5	0	
肥料 50.分		废物收回√						4	5	0	
合　計											张

会計（盖章）

图1-5　1970年2月8日转账收付凭单十三号，附件两张

26

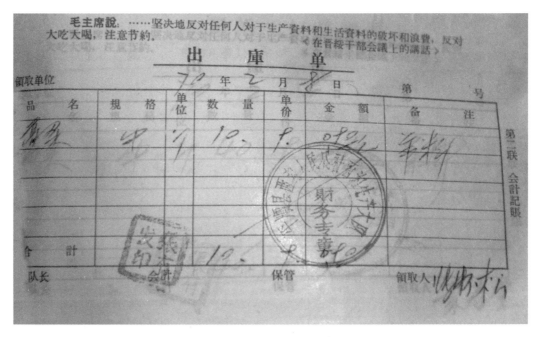

图1-5-1　1970年2月8日出库单

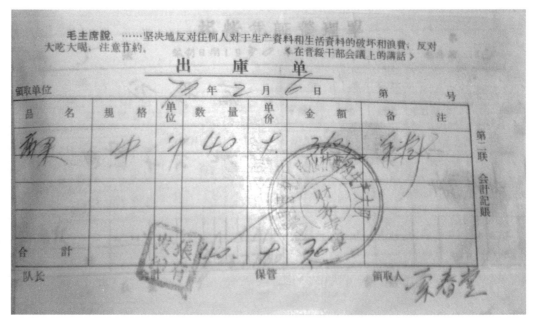

图1-5-2　1970年2月6日出库单

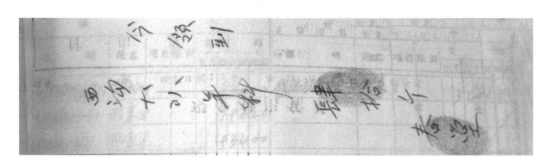

图1-5-3 羊料收据

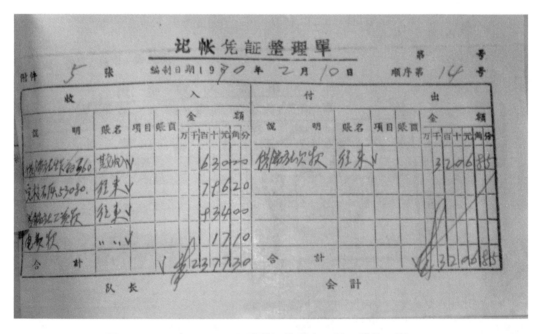

图1-6 1970年2月10日记账凭证整理十四号，附件五张。

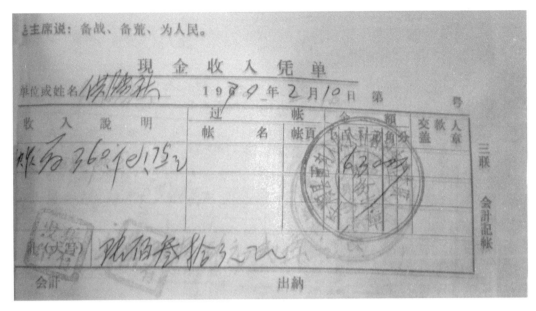

图1-6-1　1970年2月10日现金收入凭单

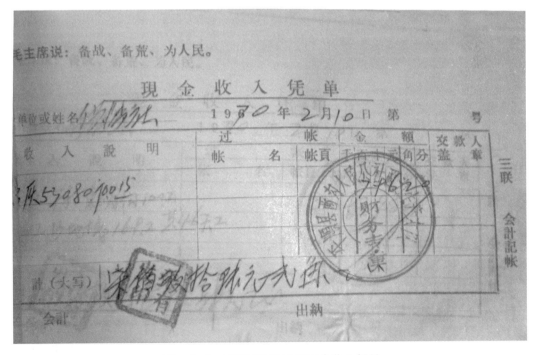

图1-6-2　1970年2月10日现金收入凭单

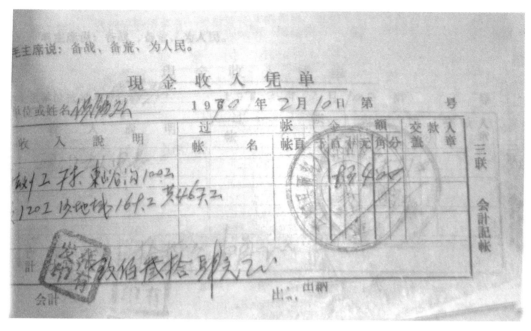

图1-6-3　1970年2月10日现金收入凭单

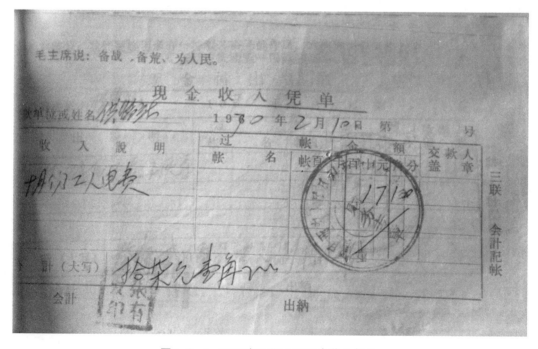

图1-6-4　1970年2月10日现金收入凭单

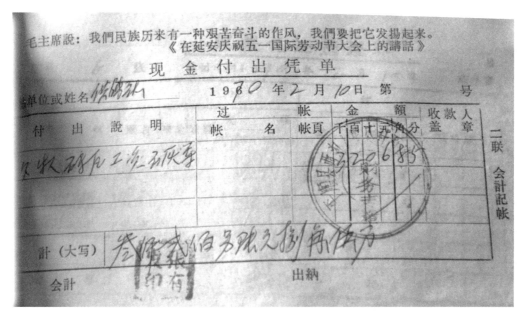

图1-6-5 1970年2月10日现金付出凭单

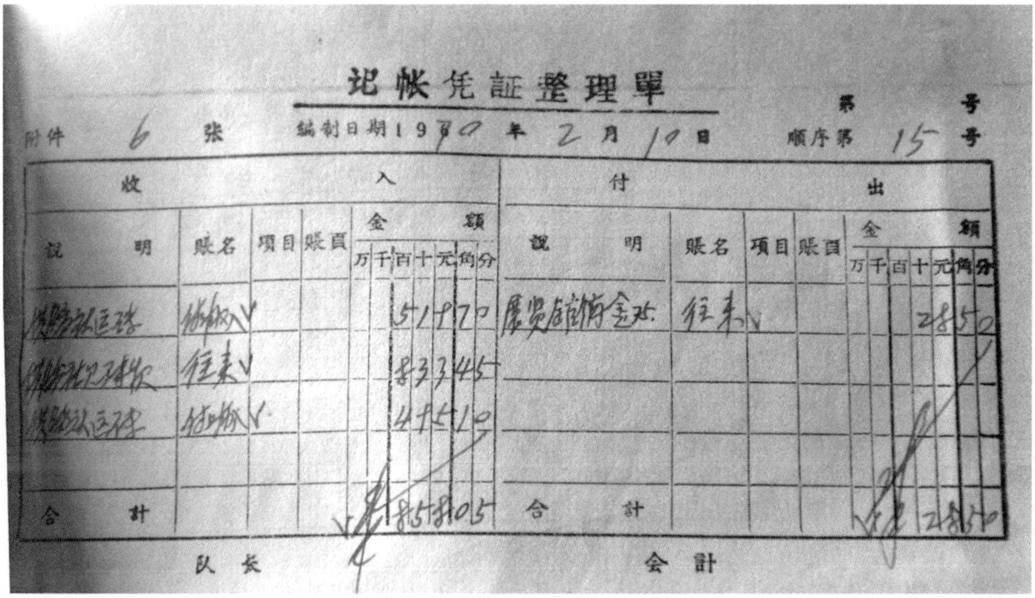

图1-7 1970年2月10日记账凭证整理单十五号，附件六张

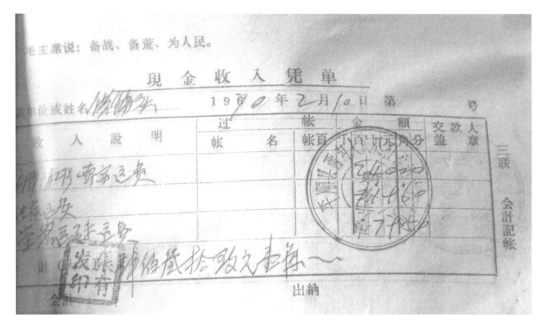

图1-7-1 1970年2月10日现金收入凭单

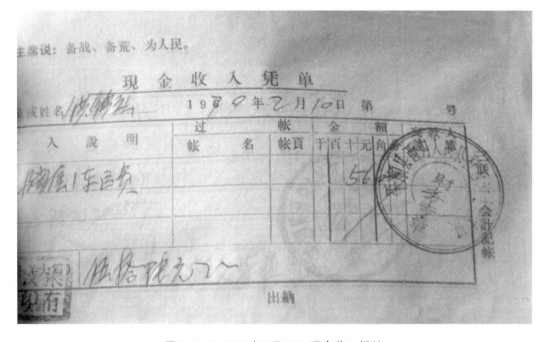

图1-7-2 1970年2月10日现金收入凭单

毛主席说：备战、备荒、为人民。

现金收入凭单

交款单位或姓名 侯阳社　1970年2月10日　第　号

收入説明	过帐 帐名	帐頁	金額 千百十元角分	交款人盖章
条石运砖37450户			247.45	
条石运砖瓦20450户			102.25	
合計 伍佰肆拾玖元柒角				

会計　出納

三联 会計記帐

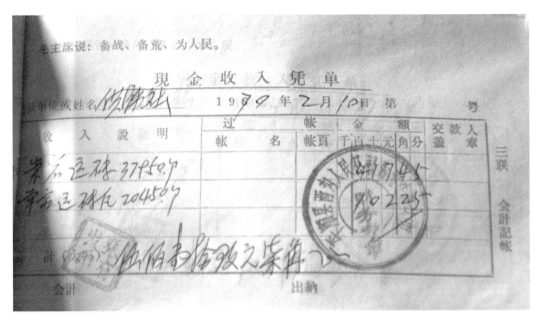

图1-7-3　1970年2月10日现金收入凭单

毛主席说：备战、备荒、为人民。

现金收入凭单

交款单位或姓名 侯阳社　1969年11月27日　第　号

收入説明	过帐 帐名	帐頁	金額 千百十元角分	交款人盖章
条砖11750户@37元			434.45	
方砖3100户@7元			217.00	
瓦5500户			165.00	
合計（大写）捌佰壹拾陆元肆角伍分				

会計　出納

三联 会計記帐

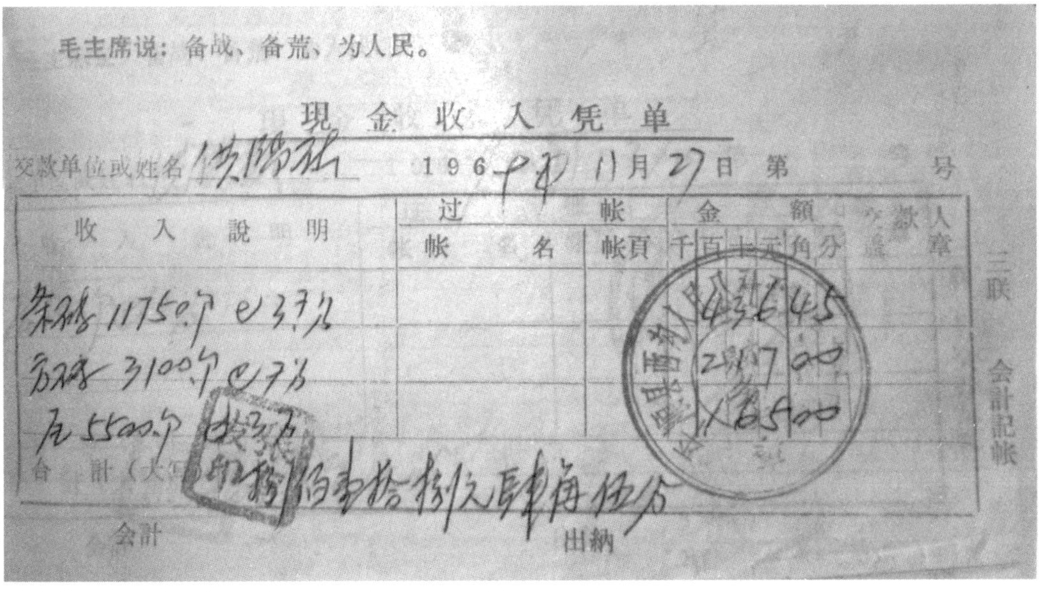

图1-7-4　1969年11月27日现金收入凭单

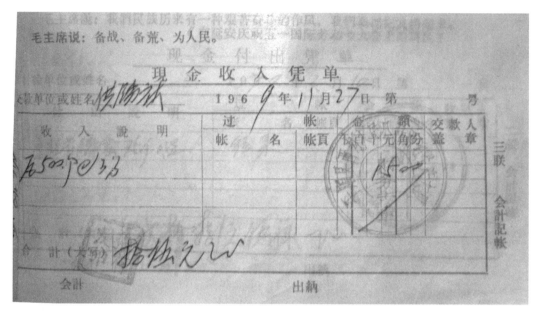

图1-7-5　1969年11月27日现金收入凭单

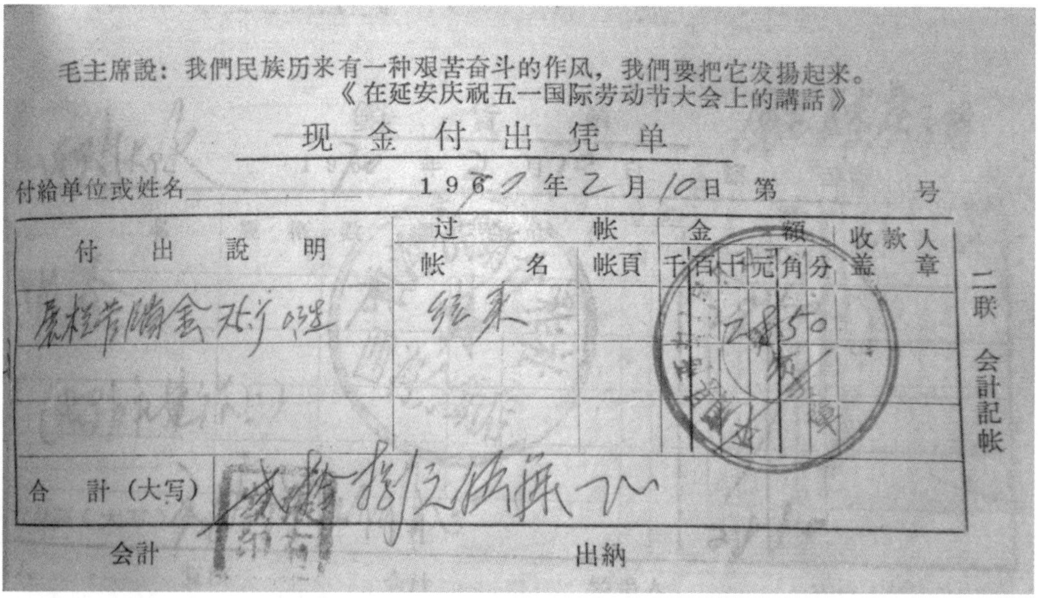

图1-7-6　1970年2月10日现金付出凭单

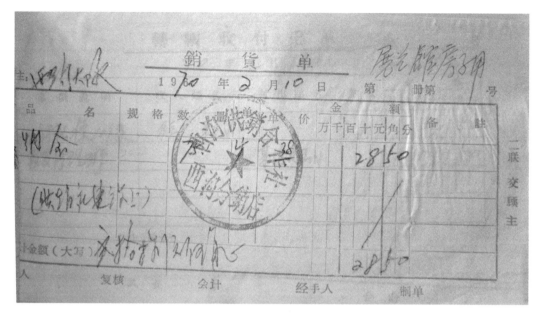

图1-7-7　1970年2月10日销货单

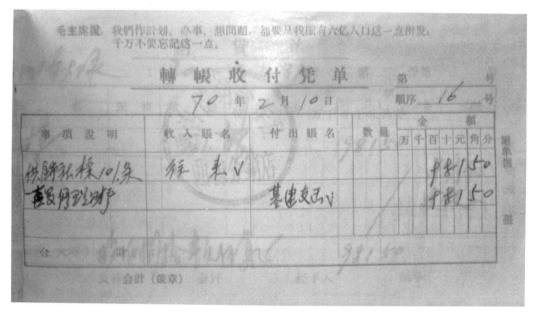

图1-7-8　1970年2月10日转账支付凭单

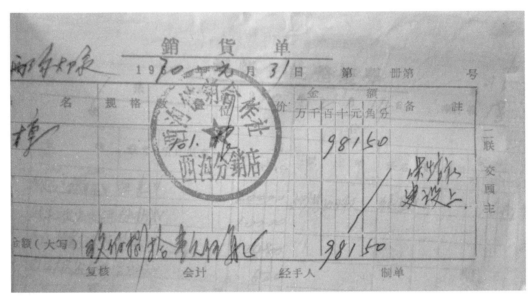

图1-7-9　1970年1月31日销货单

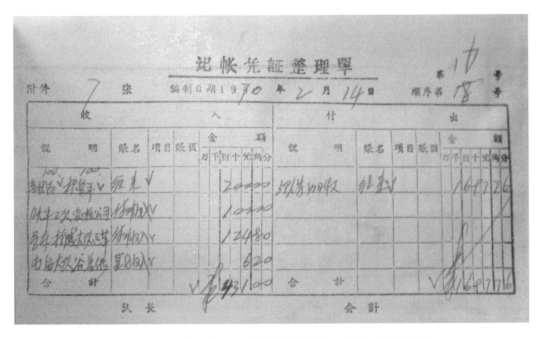

图1-8　1970年2月14日记账凭证整理单十六号，附件七张

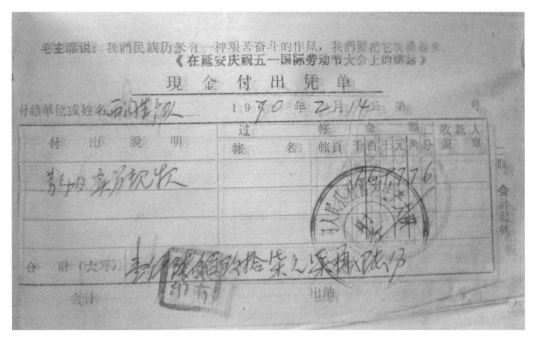

图1-8-1　1970年2月14日现金付出凭单

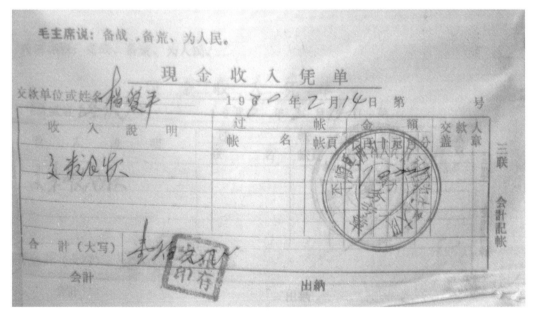

图1-8-2　1970年2月14日现金收入凭单

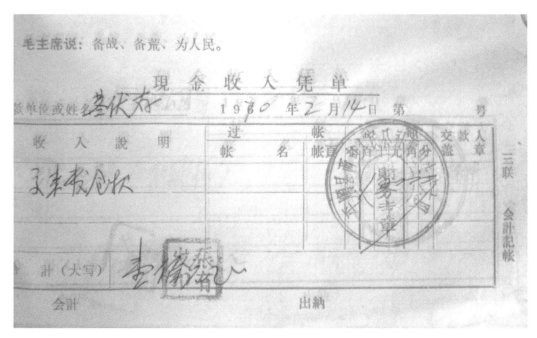

图1-8-3　1970年2月14日现金收入凭单

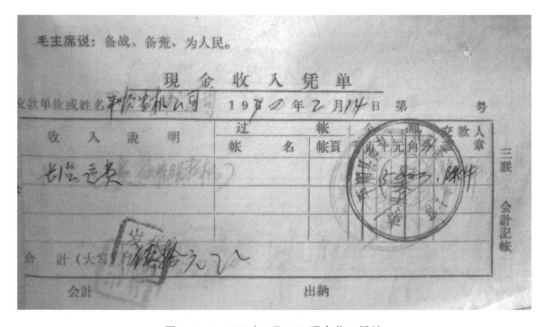

图1-8-4　1970年2月14日现金收入凭单

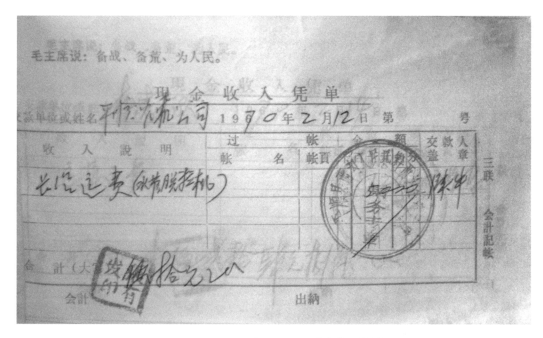

图1-8-5　1970年2月12日现金收入凭单

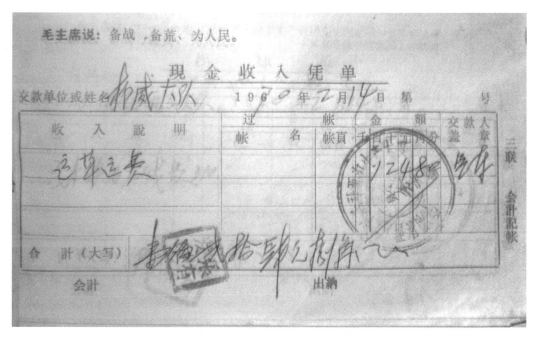

图1-8-6　1970年2月14日现金收入凭单

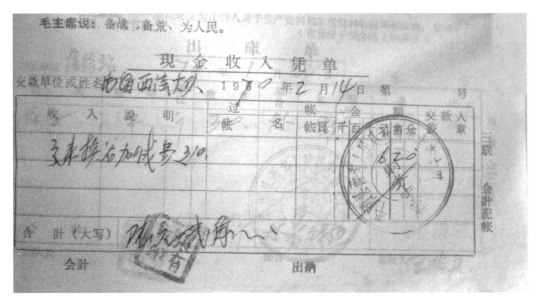

图1-8-7　1970年2月14日现金收入凭单

图1-8-8　1970年1月28日出库单

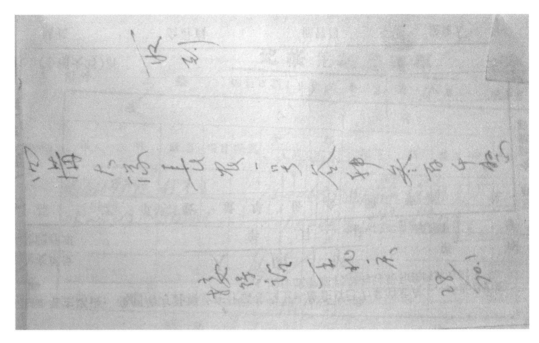

图1-8-9　1970年1月28日借粮收据

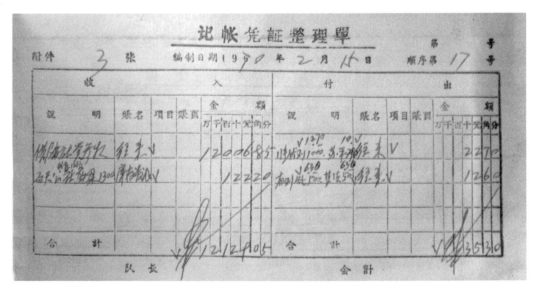

图1-9　1970年2月15日记账凭证整理单十七号，附件三张

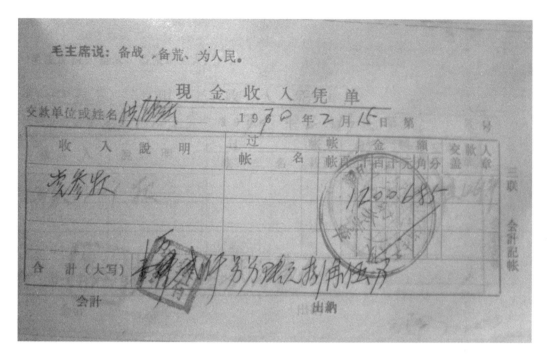

图1-9-1　1970年2月15日现金收入凭单

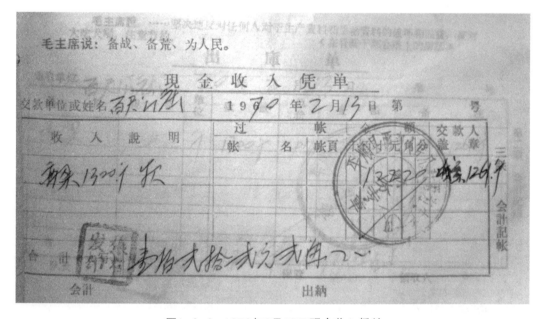

图1-9-2　1970年2月13日现金收入凭单

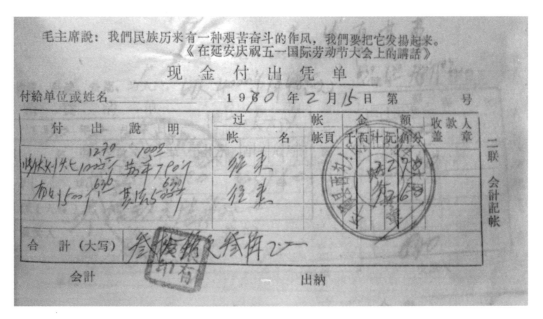

图1-9-3　1970年2月15日现金付出凭单

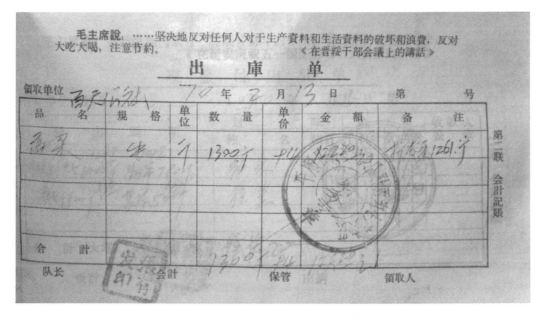

图1-9-4　1970年2月13日出库单

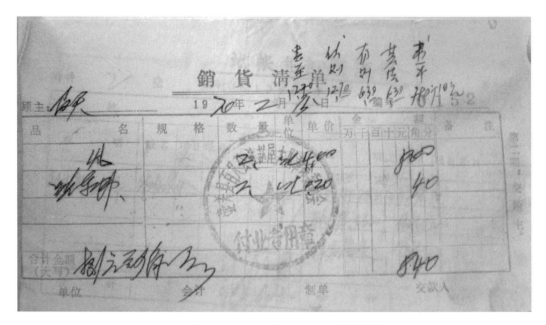

图1-9-5 1970年2月13日销货清单

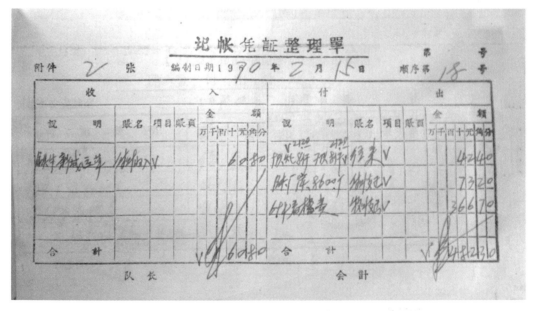

图1-10 1970年2月15日记账凭证整理单十八号，附件两张。

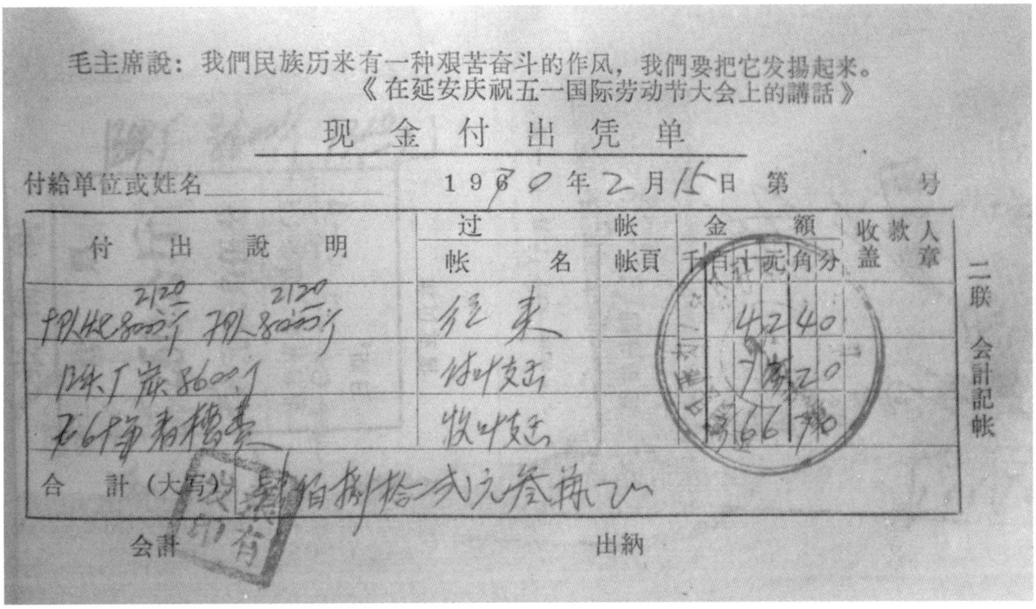

毛主席說：我們民族历来有一种艰苦奋斗的作风，我們要把它发揚起来。
《在延安庆祝五一国际劳动节大会上的講話》

现 金 付 出 凭 单

付給单位或姓名＿＿＿＿＿＿＿ 19７０年２月１５日 第　　　号

付 出 說 明	过　帐		金　　额	收款人盖章
	帐　名	帐頁	千百十元角分	
2/20　2/20	往来		42 40	
陈厂麻8600斤	付叶支云		7 2 0	
361节省煤票	收叶支云		3 66 70	
合 計（大写）　肆佰捌拾貳元叁角柒分				

会計　　　　　　　　　　　　　　出納

二联　会計記帳

图1-10-1　1970年2月15日现金付出凭单。

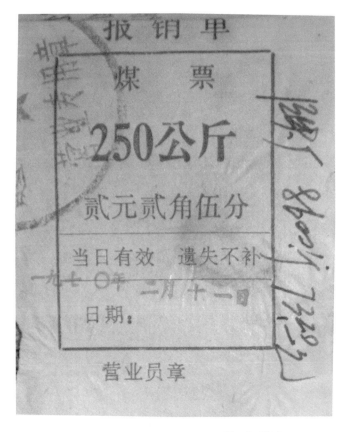

报 销 单

煤 票

250公斤

貳元貳角伍分

当日有效　遺失不补

一九七○年　二月十一日

日期：

营业员章

图1-10-2　1970年2月11日煤票报销单

45

图1-10-3 1970年2月11日煤票报销单

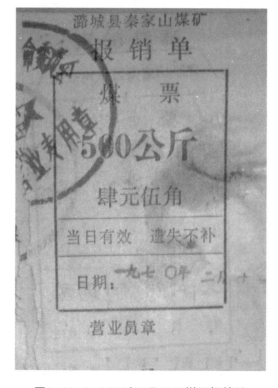

图1-10-4 1970年2月11日煤票报销单

图1-10-5　1970年2月11日炭票报销凭证

图1-10-6　1970年2月11日炭票销货单

图1-10-7　1970年2月11日炭票销货单

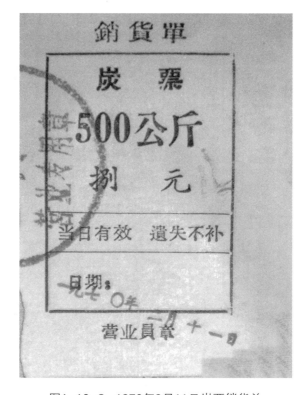

图1-10-8　1970年2月11日炭票销货单

图1-10-9　1970年2月11日装车费字据

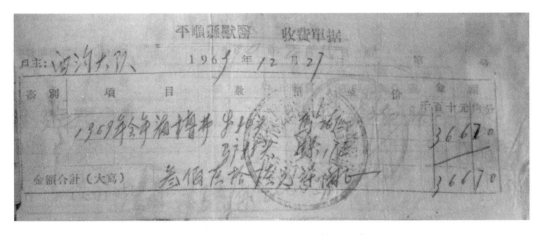

图1-10-10　1969年12月27日兽医收费单据

毛主席说：备战、备荒、为人民。

现金收入凭单

交款单位或姓名　　1970年2月15日　第　号

收入説明	过帐 帐名	帐页	金额	交款人盖章

合計（大写）

会計　　出納

三联　会計記帐

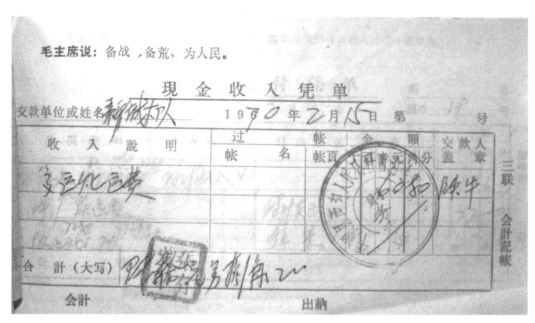

图1-10-11　1970年2月15日现金收入凭单

毛主席說：我們作計划、办事、想問題，都要从我国有六亿人口这一点出发，千万不要忘記这一点。

轉帳收付凭单

70年2月15日　第　号　顺序19号

事項說明	收入賬名	付出賬名	數量	金額
				177.60
				32.00
		往来		145.60
合計				

会計（蓋章）　　附单据　张

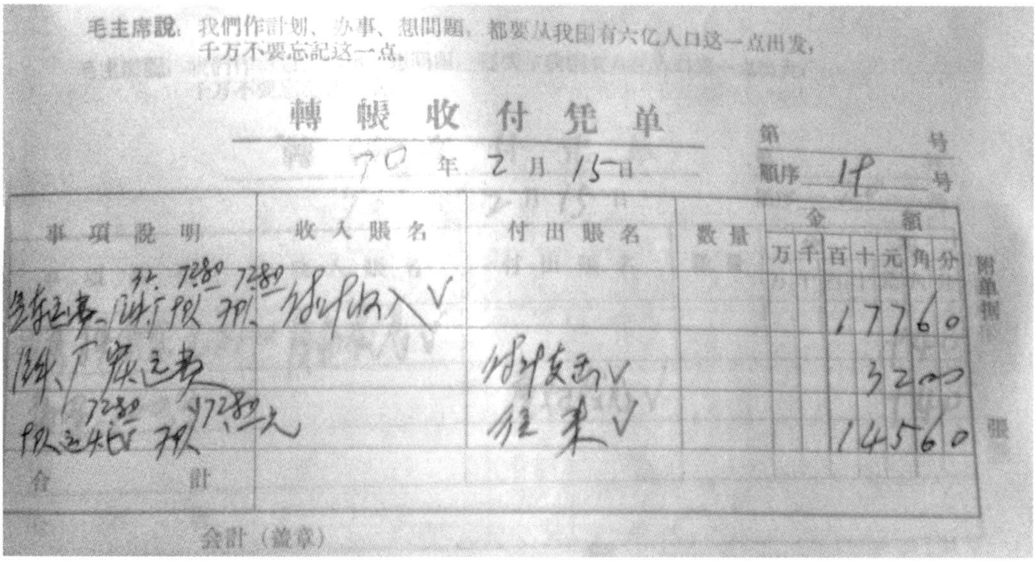

图1-11　1970年2月15日转账收付凭单第十九号

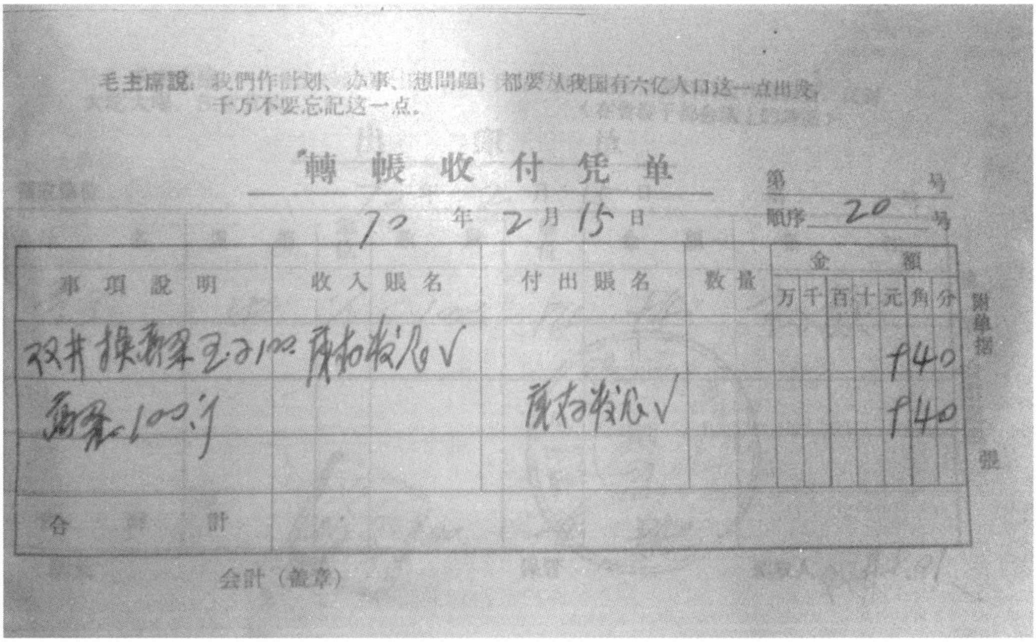

轉賬收付凭单

7○ 年 2 月 15 日　　　　第　　号　順序 20 号

事 項 說 明	收入賬名	付出賬名	数量	金　额
				万 千 百 十 元 角 分
双井楼房罩王元100 廣拍发凭√				ƒ40
副录100：元		廣拍发凭√		ƒ40
合　計				

会計（盖章）　　　　　保管　　　　　領取人

图1-12　1970年2月15日转账收付凭单第二十号

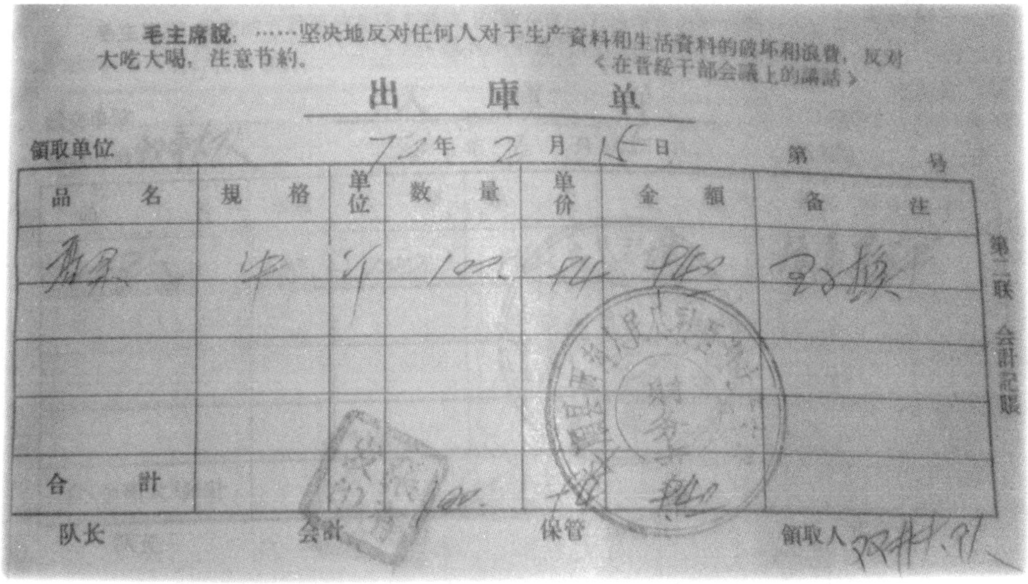

出 庫 单

領取单位　　　7○ 年 2 月 15 日　　　　第　　号

品　名	規格	单位	数量	单价	金額	备　注
廣录	中	元	100			王元族
合　計			100			

队长　　　　会計　　　　保管　　　　領取人

图1-12-1　1970年2月15日出库单

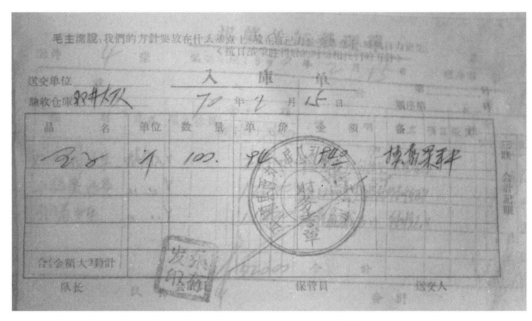

图1-12-2　1970年2月15日入库单

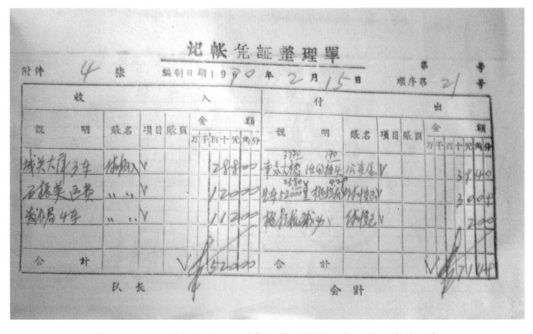

图1-13　1970年2月15日记账凭证整理单第二十一号，附件四张

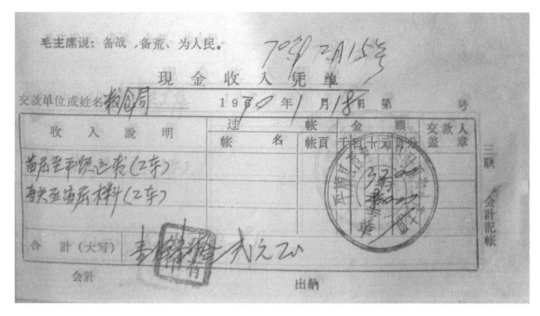

图1-13-1 1970年1月18日现金收入凭单

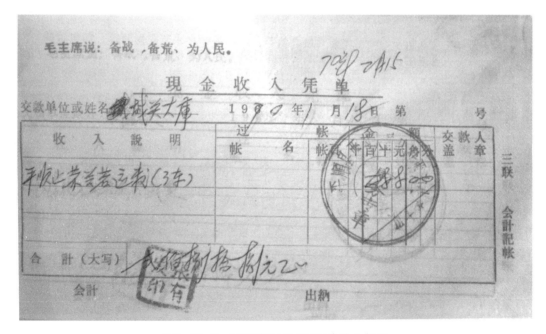

图1-13-2 1970年1月18日现金收入凭单

毛主席说：备战，备荒、为人民。

现金收入凭单

交款单位或姓名 王振英　　1970年1月18日 第　号

收入説明	过帐 帐名	帐页	金额 千百十元角分	交款人盖章
合計（大写）				

会計　　出納

二联　会計記帐

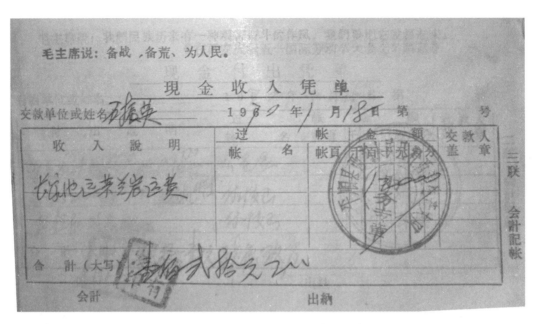

图1-13-3　1970年1月18日现金收入凭单

毛主席說：我們民族历来有一种艰苦奋斗的作风，我們要把它发揚起来。
《在延安庆祝五一国际劳动节大会上的講話》

现金付出凭单

付給单位或姓名　　1970年2月15日 第　号

付出説明	过帐 帐名	帐頁	金额 千百十元角分	收款人盖章
合計（大寫）				

会計　　出納

二联　会計記帐

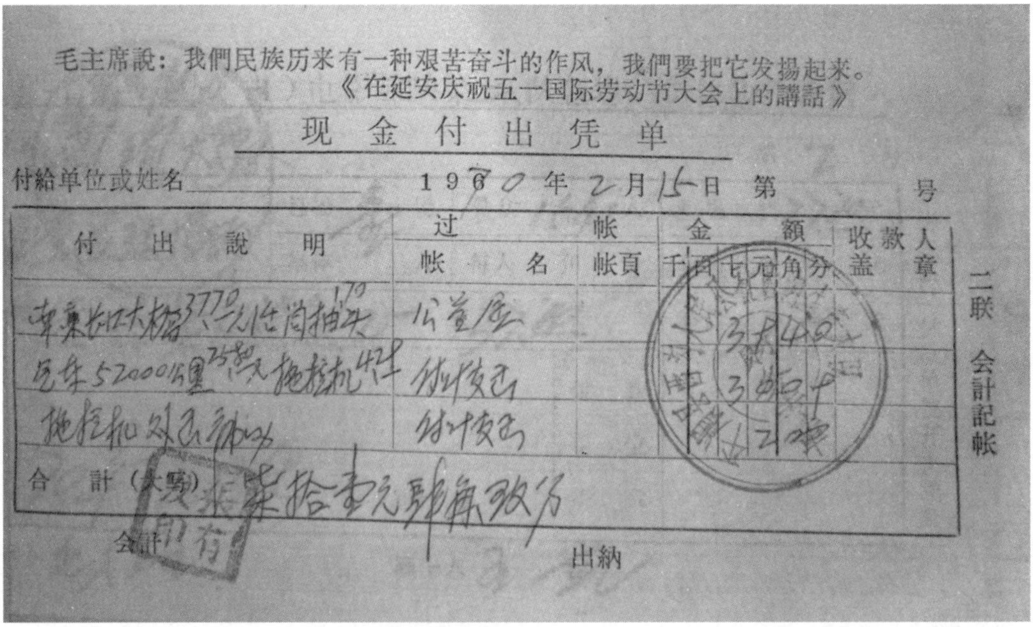

图1-13-4　1970年2月15日现金付出凭单

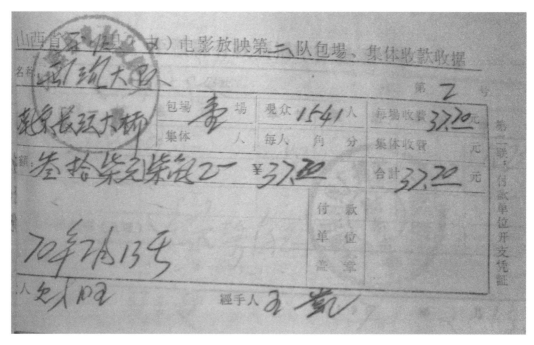

图1-13-5　1970年2月13日电影放映集体收款收据

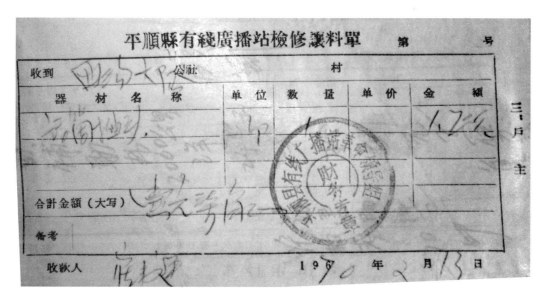

图1-13-6　1970年2月13日检修材料单

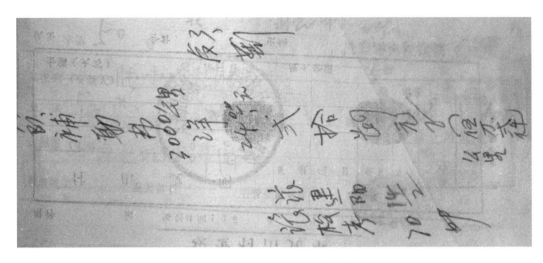

图1-13-7 1970年2月14日补助费收据

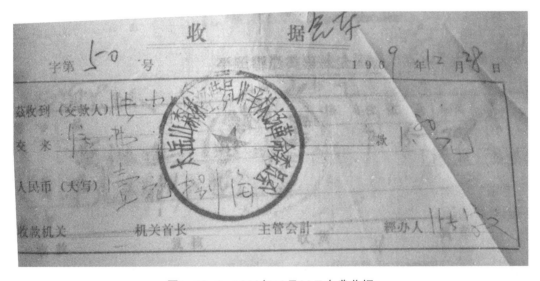

图1-13-8 1969年12月28日车费收据

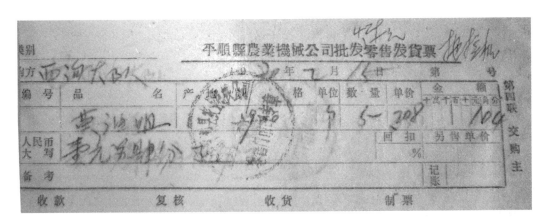

图1-13-9 1970年2月15日拖拉机油批发零售发货票

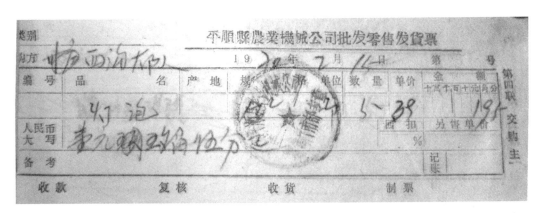

图1-13-10 1970年2月15日灯泡批发零售发货票

图1-13-11 1970年2月15日喷油咀批发零售发货票

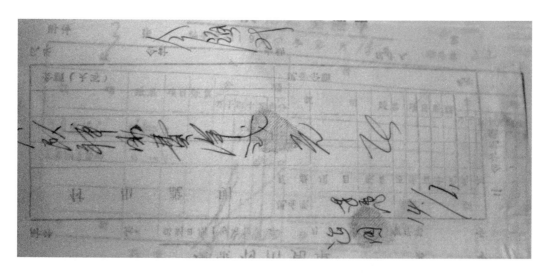

图1-13-12 1970年2月14日补助费收据

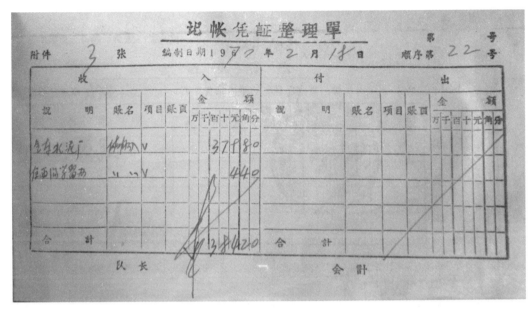

图1-14 1970年2月18日记账凭证整理单第二十二号，附年3张

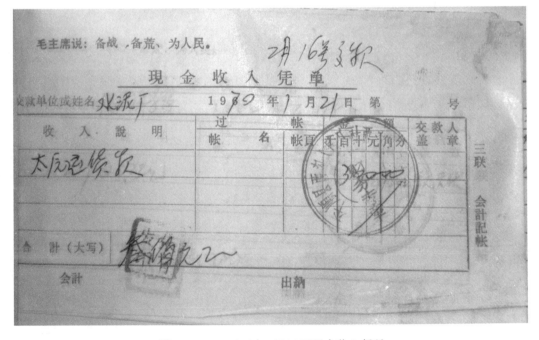

图1-14-1 1970年1月21日现金收入凭单

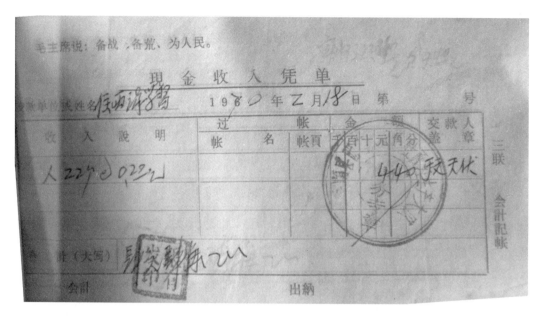

图1-14-2 1970年2月18日现金收入凭单

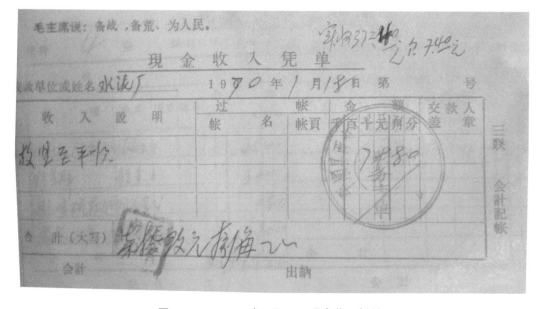

图1-14-3 1970年1月18日现金收入凭单

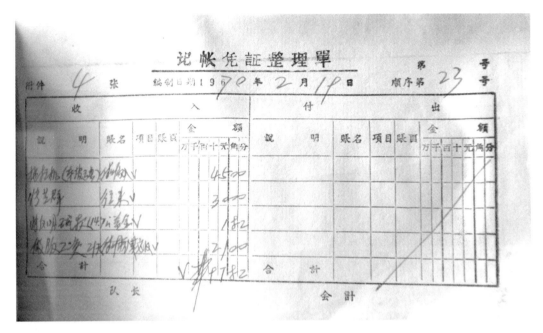

图1-15　1970年2月19日记账凭证整理单第二十三号，附件四张

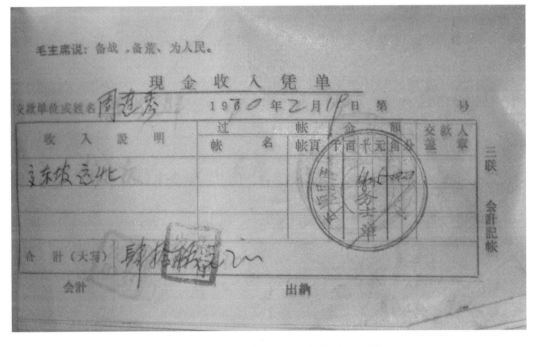

图1-15-1　1970年2月19日现金收入凭单

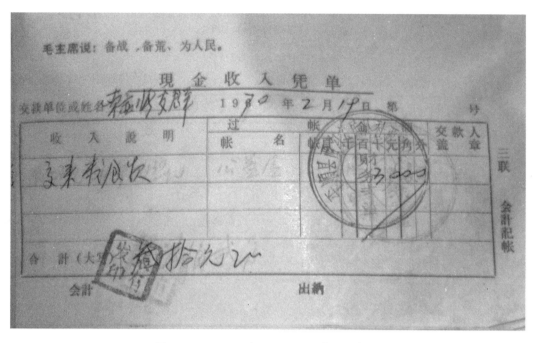

图1-15-2 1970年2月19日现金收入凭单

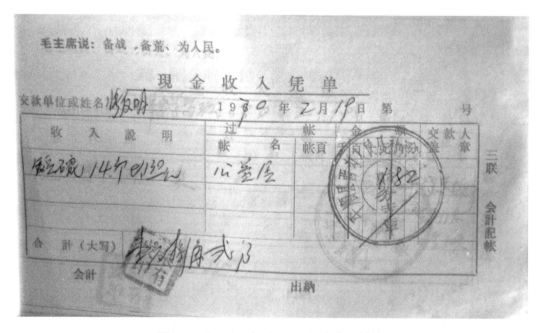

图1-15-3 1970年2月19日现金收入凭单

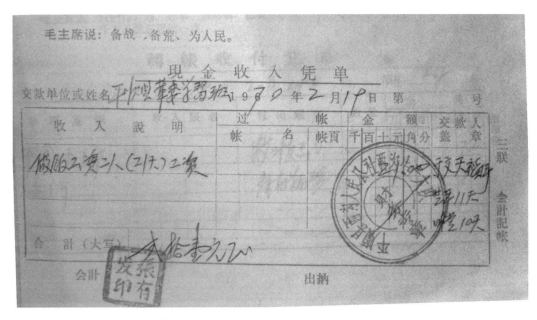

图1-15-4 1970年2月19日现金收入凭单

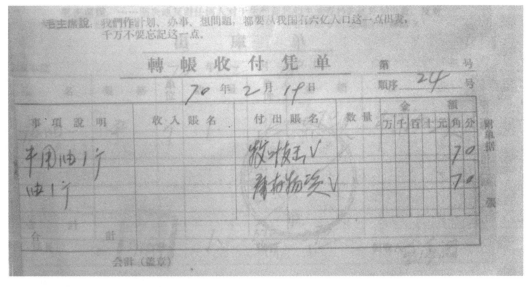

图1-16 1970年2月19日转账收付凭单 第二十四号

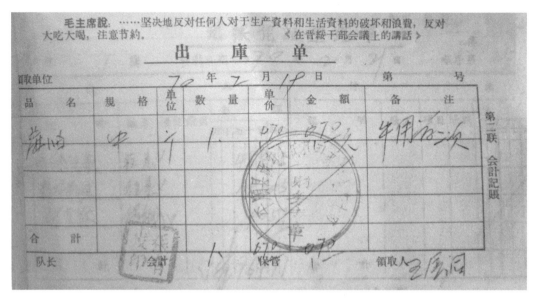

图1-16-1　1970年2月19日出库单

二、会计凭证1970年10月14日至31日（第二十九号至第五十六号）

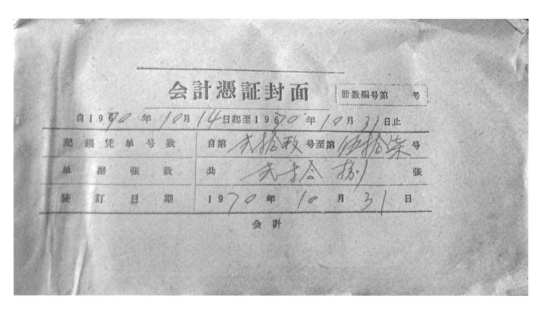

图2　会计凭证1970年10月14日至31日

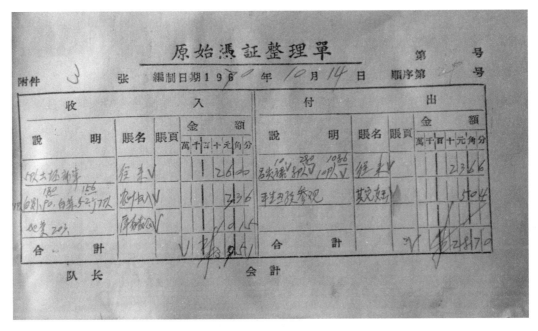

图2-1　1970年10月14日原始凭证整理单第二十九号，附件三张

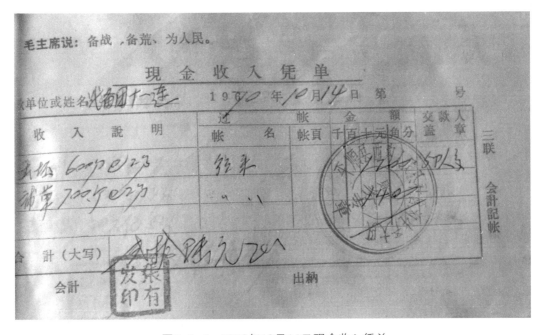

图2-1-1　1970年10月14日现金收入凭单

65

毛主席说：备战、备荒、为人民。

现金收入凭单

款单位或姓名　　　　1970年10月14日　第　　号

收入說明	过帐 帐名	帐頁	金额 千百十元角分	交款人盖章

合計（大写）

会計　　　　出納

三联　会計記帐

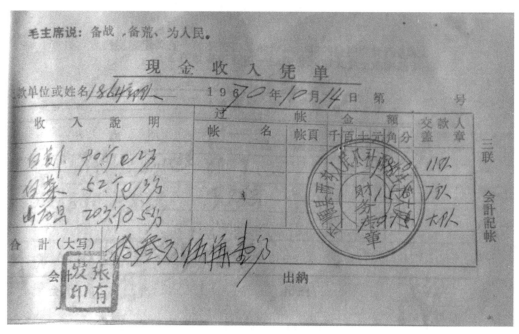

图2-1-2　　1970年10月14日现金收入凭单

毛主席說：我們民族历来有一种艰苦奋斗的作风，我們要把它发揚起来。
《在延安庆祝五一国际劳动节大会上的講話》

现金付出凭单

付給单位或姓名　　　　1970年10月14日　第　　号

付出說明	过帐 帐名	帐頁	金额 千百十元角分	收款人盖章

合計（大写）

会計　　　　出納

二联　会計記帐

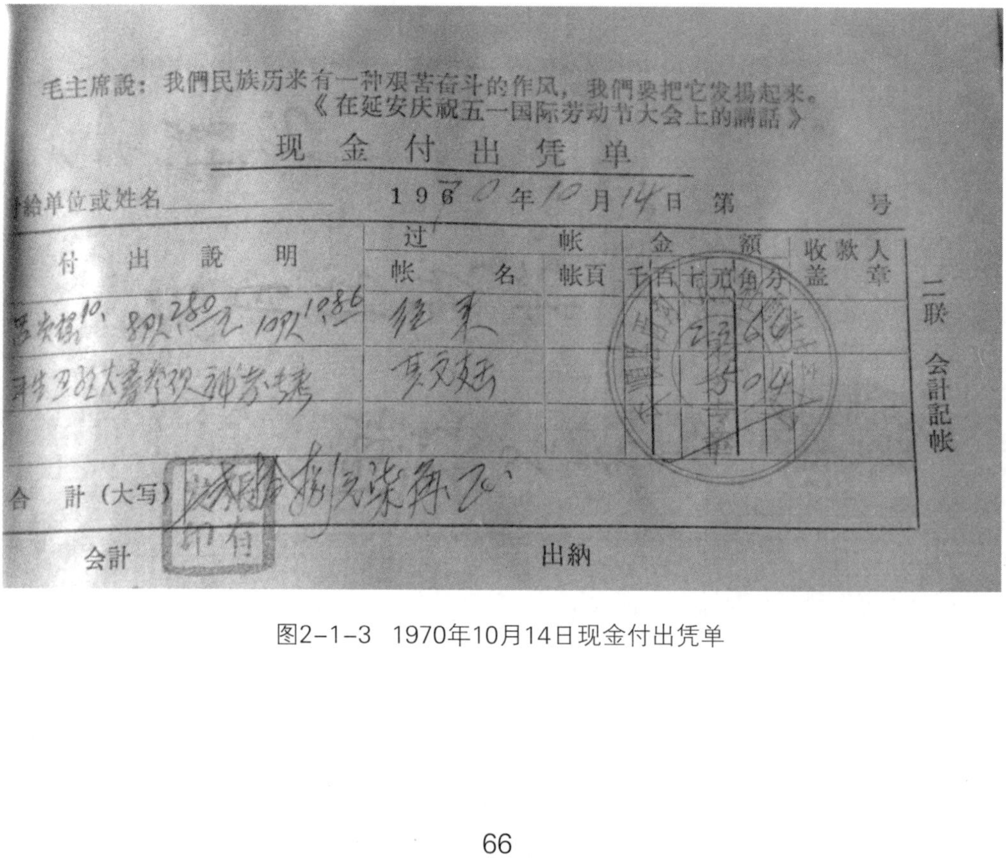

图2-1-3　1970年10月14日现金付出凭单

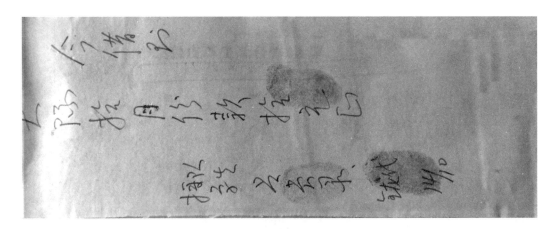

图2-1-4 1970年10月14日借款收据

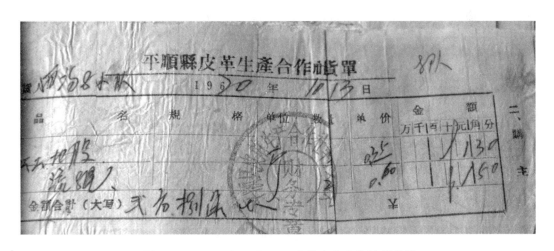

图2-1-5 1970年10月13日皮革生产合作社销货单

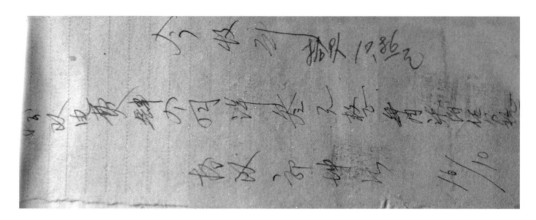

图2-1-6 1970年10月16日电费收据

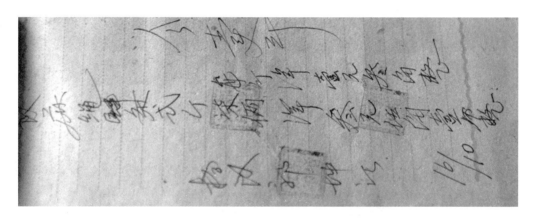

图2-1-7 1970年10月16日出售麻绳收据

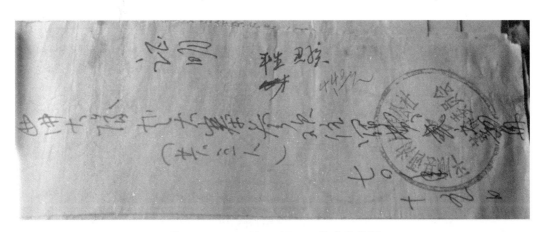

图2-1-8 1970年10月15日住宿费收据

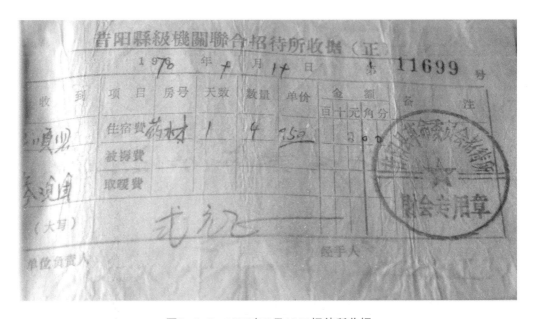

图2-1-9 1970年9月19日招待所收据

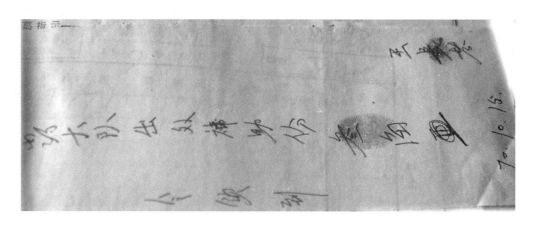

图2-1-10 1970年10月15日补助费用收据

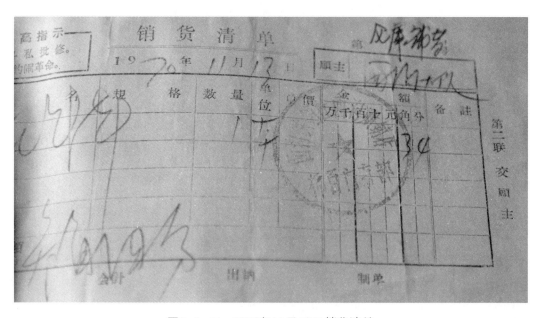

图2-1-11 1970年11月13日销货清单

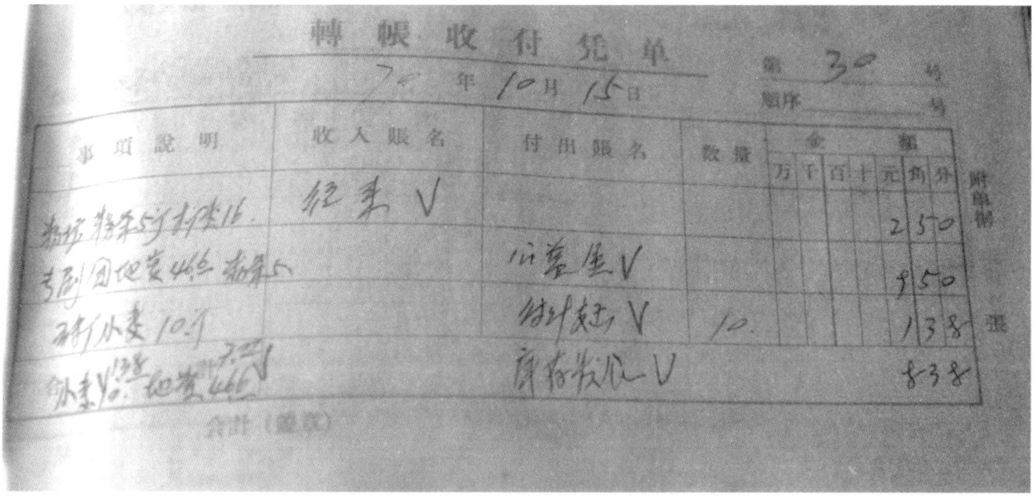

轉帳收付凭单

70 年 10月 15日　　第 30 号　　顺序　　号

事項說明	收入賬名	付出賬名	數量	金額 万	千	百	十	元	角	分
[illegible]	[illegible] V							2	5	0
[illegible]		[illegible] V						9	5	0
[illegible]		[illegible] V	10.					1	3	8
[illegible]		[illegible] V						8	3	8
会計（盖章）										

附单据　张

图2-2　1970年10月15日转账收付凭单第三十号

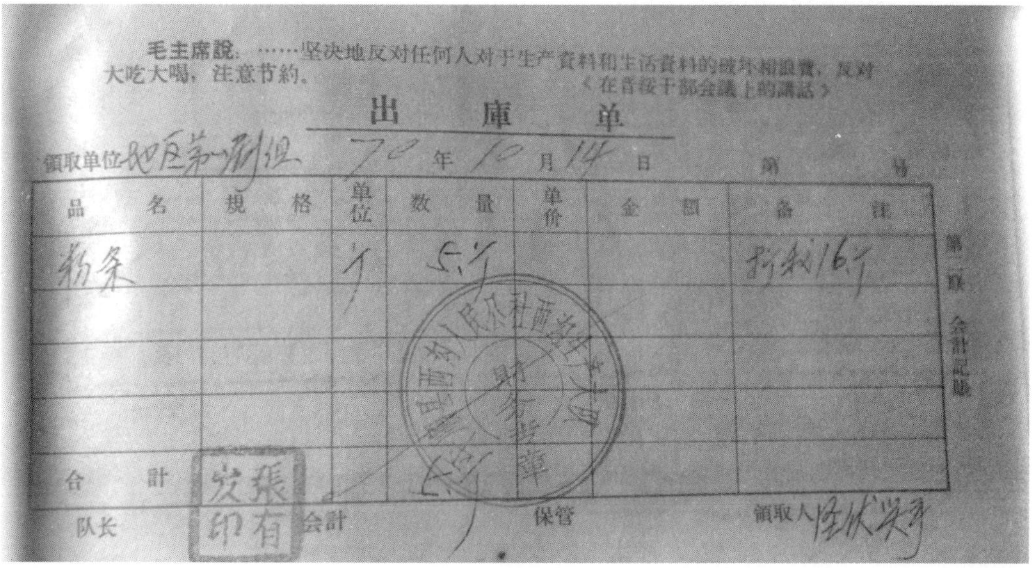

毛主席說：……坚决地反对任何人对于生产資料和生活資料的破坏和浪費，反对大吃大喝，注意节約。
《在晋綏干部会議上的講話》

出庫单

領取单位 [illegible]　70 年 10 月 14 日　　第　　号

品名	規格	单位	数量	单价	金額	备注
稻条		斤	5斤			[illegible]16斤
合計						

队长　張有安印　会計　　保管　　領取人 [illegible]

第二联　会計記賬

图2-2-1　1970年10月14日出库单

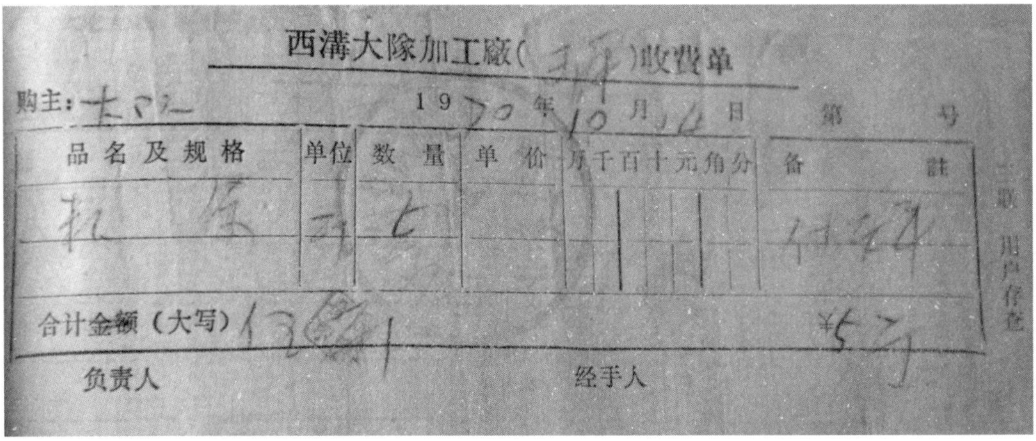

西溝大隊加工廠（ ）收費单

购主：

19 70 年 10 月 14 日　　第　　号

品名及规格	单位	数量	单价	万千百十元角分	备註

合计金额（大写）　　¥

负责人　　经手人

第二联 用户存查

图2-2-2　1970年10月14日加工厂收费单

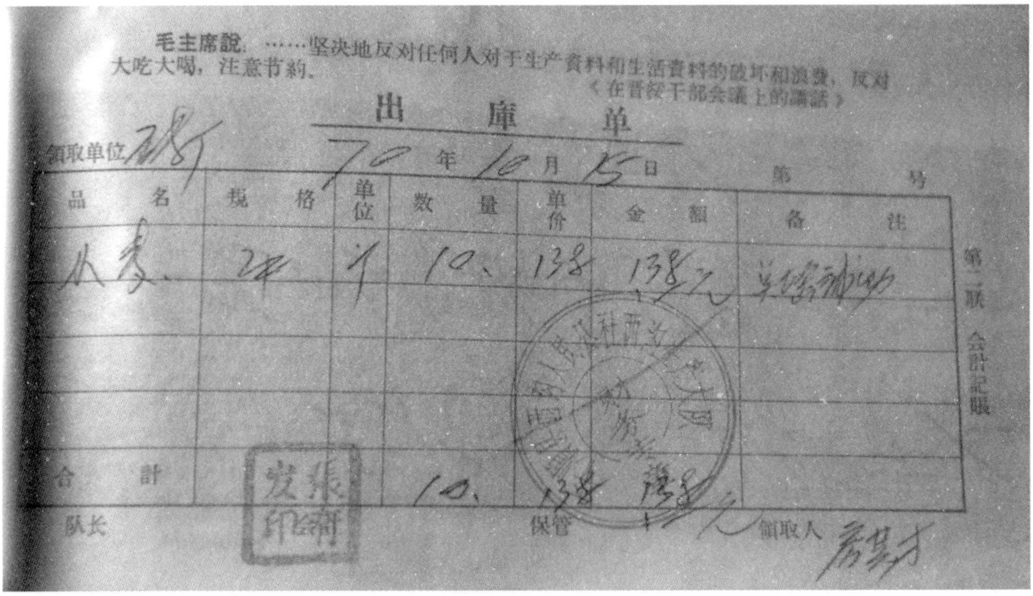

毛主席說：……坚决地反对任何人对于生产资料和生活资料的破坏和浪费，反对大吃大喝，注意节约。

《在晋绥干部会議上的講話》

出库单

領取单位

70 年 10 月 15 日　　第　　号

品名	规格	单位	数量	单价	金额	备注
			10	138	138元	
合計			10	138	138元	

队长　　保管　　領取人

第二联 会計記賬

图2-2-3　1970年10月15日出库单

图2-2-4 1970年10月15日大队补助麦子等收据

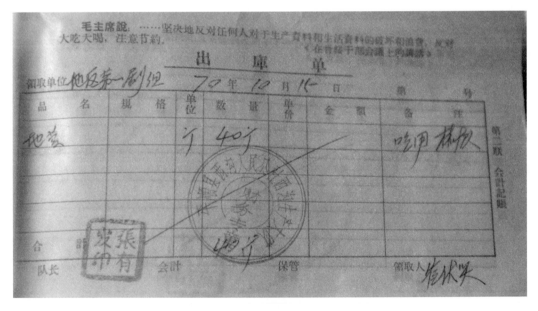

图2-2-5 1970年10月15日出库单

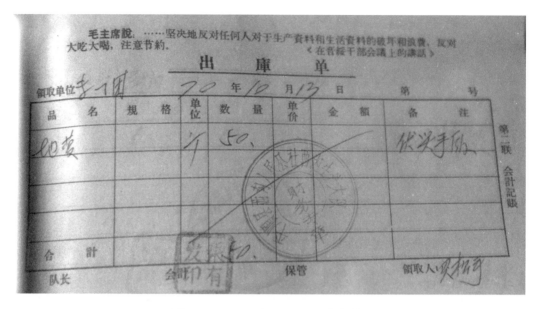

图2-2-6　1970年10月13日出库单

图2-2-7　1970年10月14日出库单

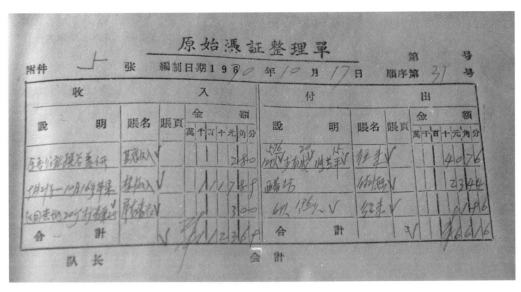

图2-3 1970年10月17日原始凭证整理单第三十一号，附件五张

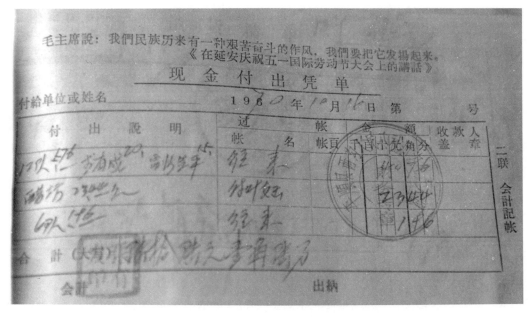

图2-3-1 1970年10月16日现金付出凭单

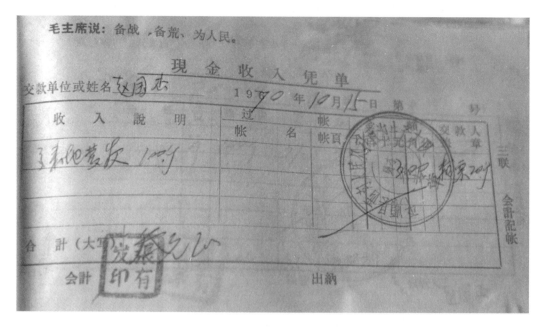

图2-3-2　1970年10月15日现金收入凭单

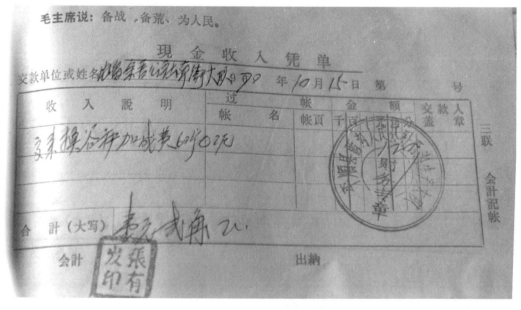

图2-3-3　1970年10月15日现金收入凭单

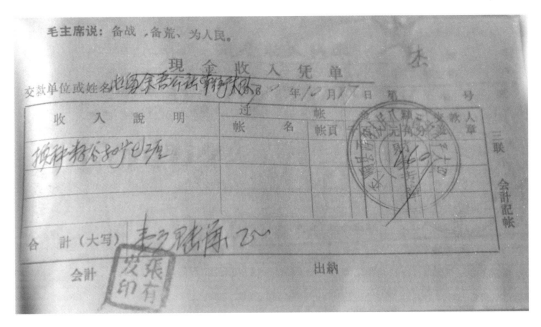

图2-3-4　1970年10月17日现金收入凭单

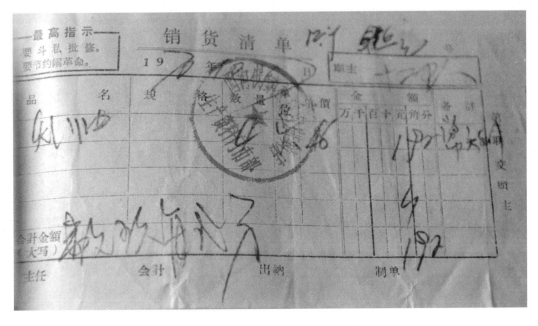

图2-3-5　1970年10月17日销货清单

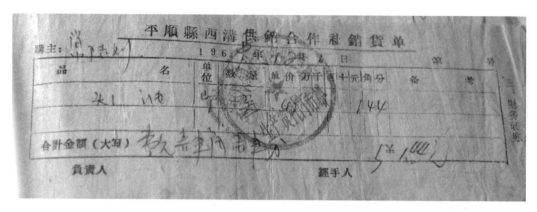

图2-3-6　1969年12月1日销货单

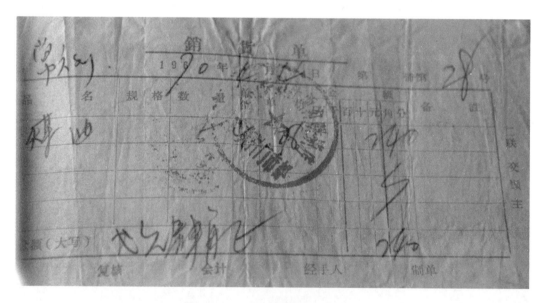

图2-3-7　1970年4月4日销货单

图2-3-8　1970年10月16日借款收据

图2-3-9　1970年10月16日借款收据

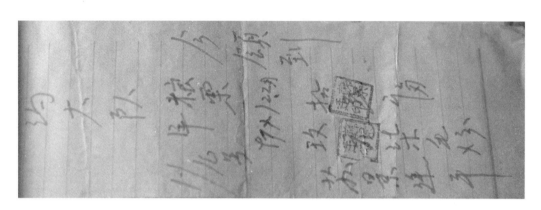

图2-3-10　1970年10月16日粮票收据

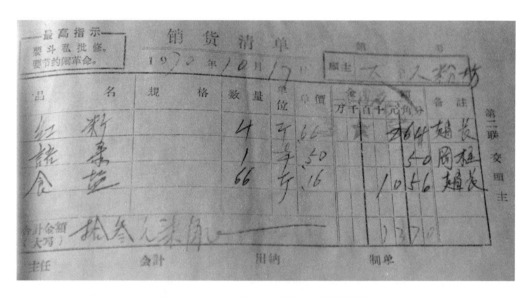

图2-3-11　1970年10月17日销货清单

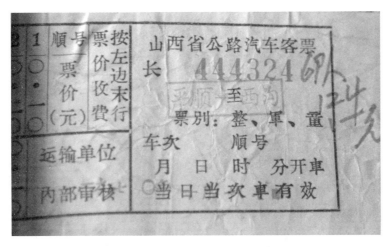

图2-3-12　1970年10月17日车票

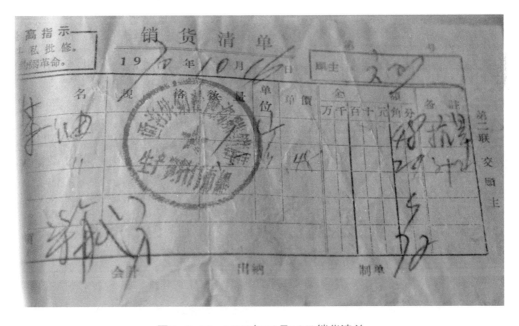

图2-3-13　1970年10月16日销货清单

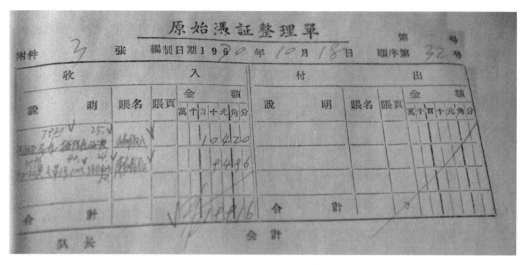

图2-4　1970年10月18日原始凭证整理单第十二号，附件三张

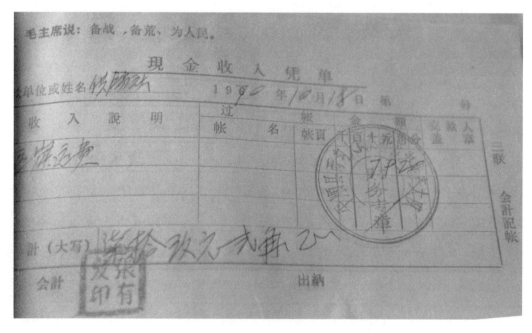

图2-4-1　1970年10月18日现金收入凭单

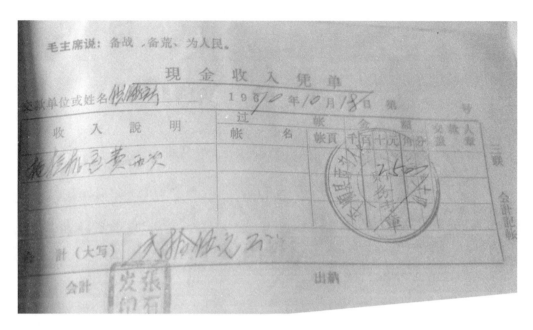

图2-4-2 1970年10月18日现金收入凭单

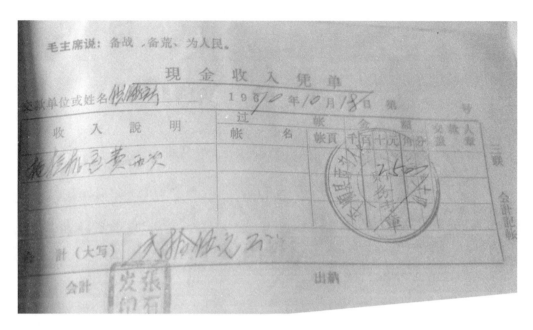

图2-4-3 1970年10月18日现金收入凭单

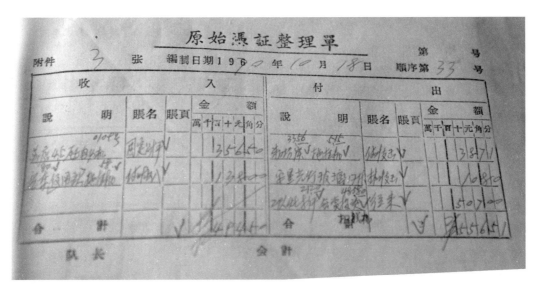

图2-5 1970年10月18日原始凭证整理单第三十三号，附件三张

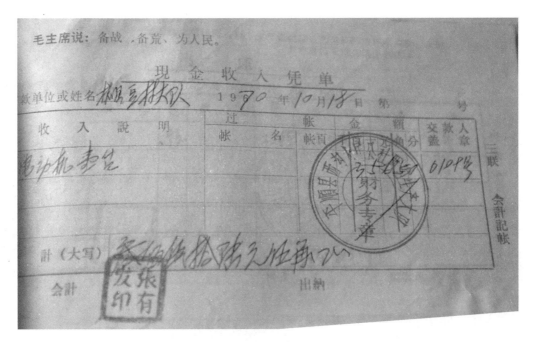

图2-5-1 1970年10月18日现金收入凭单

84

图2-5-2　1970年10月18日现金付出凭单

图2-5-3　1970年10月18日销货单

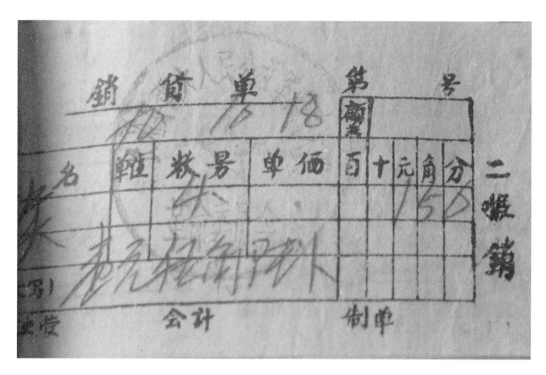

图2-5-4　1970年10月18日销货单

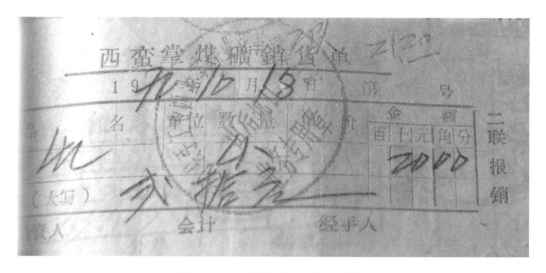

图2-5-5　1970年10月18日销货单

最高指示
要斗私批修。
要节约闹革命。

销货清单

19[illegible]年 月 18日

顾主 [illegible]

品名	规格	数量	单位	单价	金额	备註
[illegible]					66.20	
[illegible]					419.60	
合计金额（大写）[illegible]					485.80	

主任　会計　出納　制单

第二联 交顾主

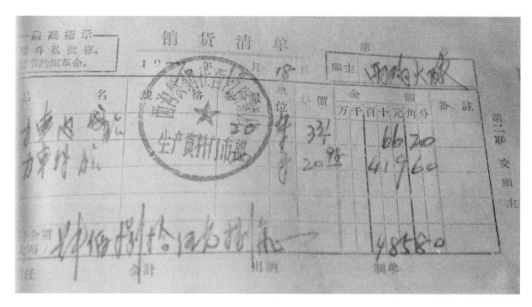

图2-5-6　1970年10月18日销货清单

毛主席說：我們作計划、办事、想問題，都要从我国有六亿人口这一点出發，千万不要忘記这一点。

轉帳收付凭单

70年10月18日　　順序 34 号

事項說明	收入賬名	付出賬名	数量	金額
[illegible]	[illegible]收入 V			145.60
[illegible]		往来 V		72.80
[illegible]		[illegible] V		72.80
合計				

会計（盖章）

附单据　張

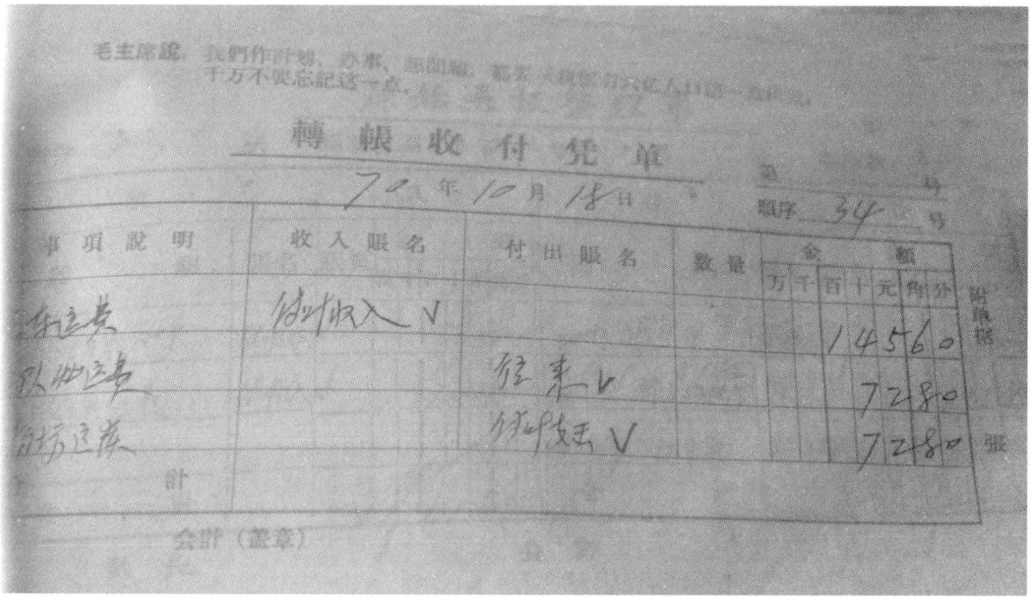

图2-6　1970年10月18日转账支付凭单第三十四号

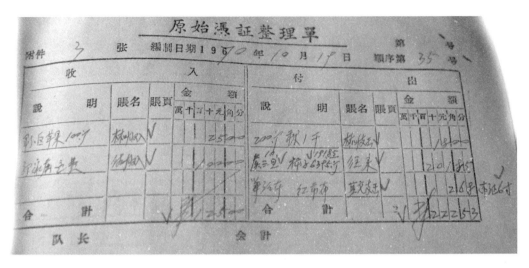

图2-7　1970年10月19日原始凭证整理单第三十五号，附件三张

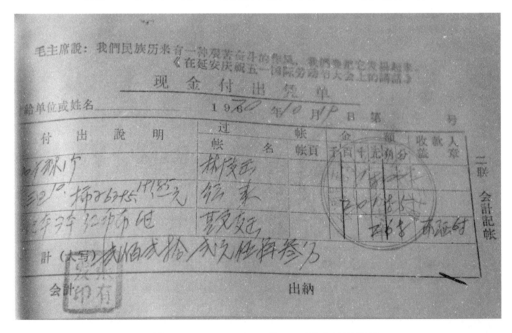

图2-7-1　1970年10月19日现金付出凭单

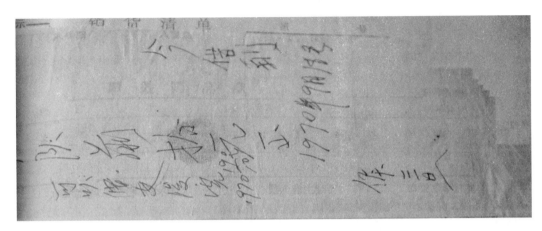

图2-7-2　1970年10月18日借款收据

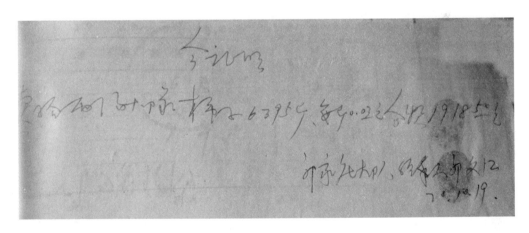

图2-7-3　1970年10月19日购买柿子证明

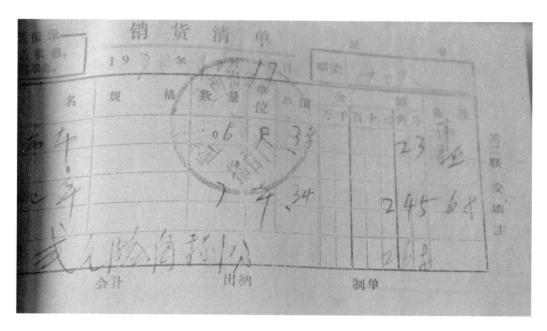

图2-7-4　1970年10月17日销货清单

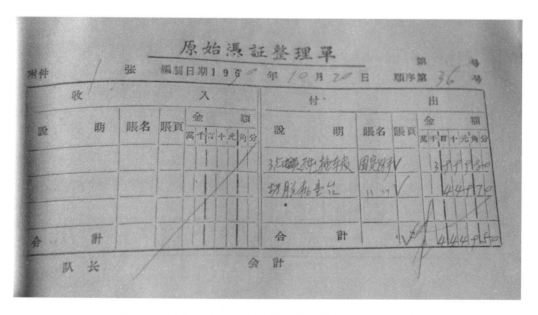

图2-8　1970年10月20日原始凭证整理单第三十六号，附件一张

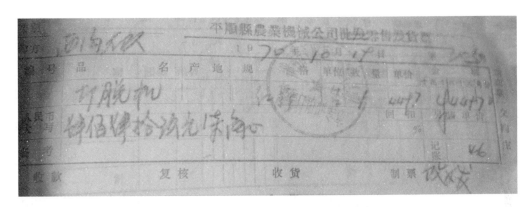

图2-8-1 1970年10月19日零售发货票

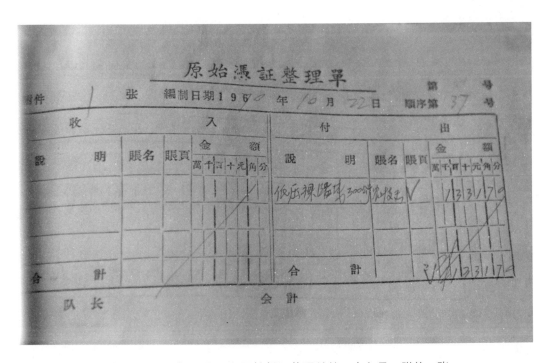

图2-9 1970年10月22日原始凭证整理单第三十七号，附件一张

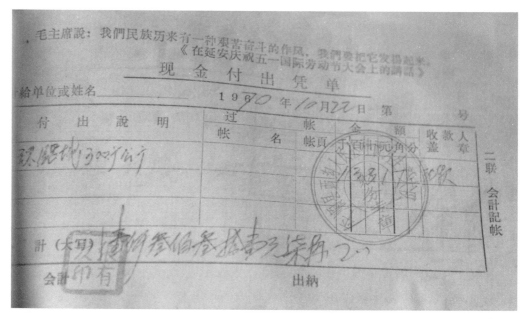

图2-9-1 1970年10月22日现金付出凭单

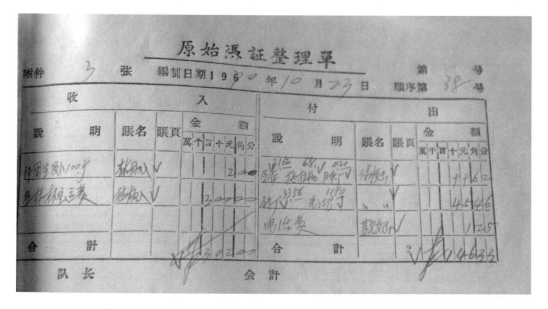

图2-10 1970年10月23日原始凭证整理单第三十八号，附件三张

图2-10-1　1970年10月15日现金付出凭单

图2-10-2　1970年10月20日销货单

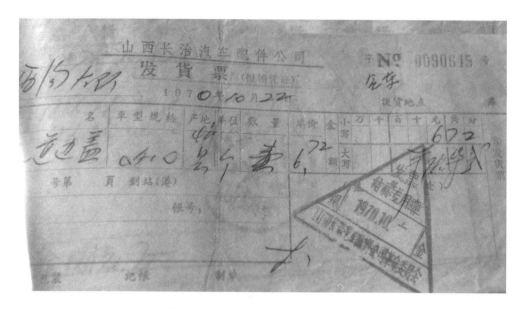

图2-10-3 1970年10月22日发货票

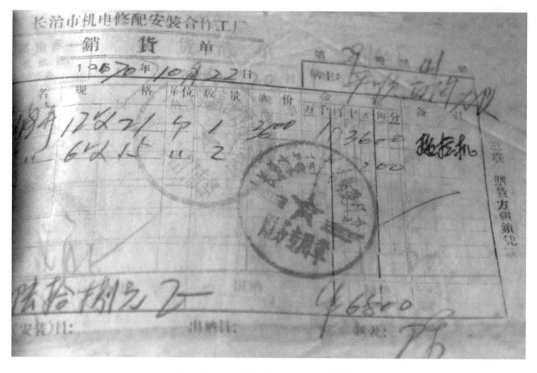

图2-10-4 1970年10月22日销货单

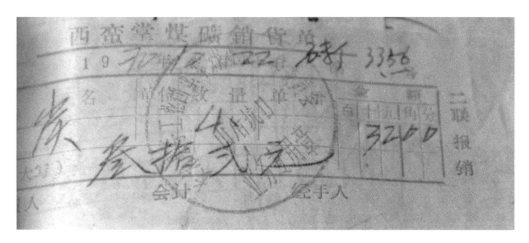

图2-10-5　1970年10月22日销货单

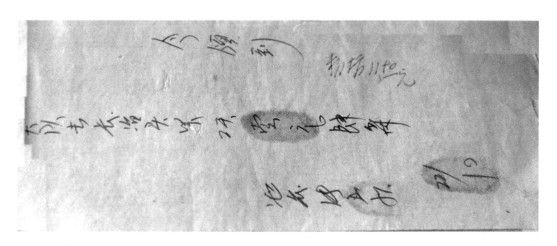

图2-10-6　1970年10月22日补助收据

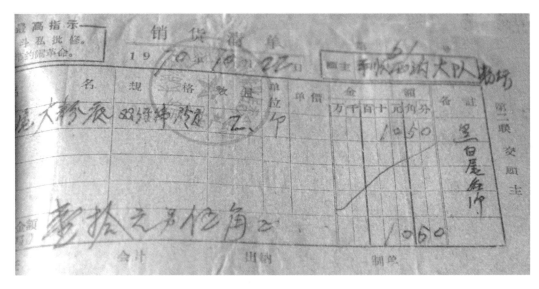

图2-10-7 1970年10月22日销货清单

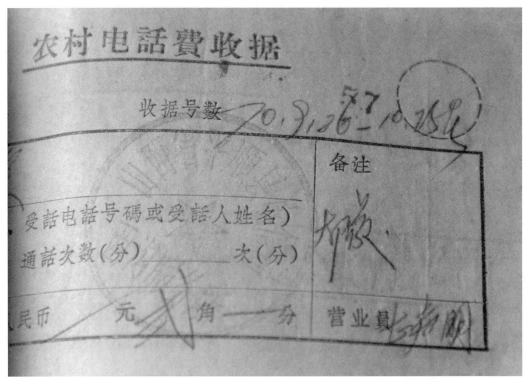

图2-10-8 1970年9月26日至10月25日的农村电话费收据

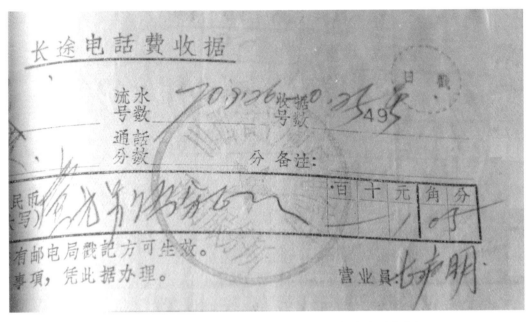

长途电话费收据

流水号数 _____ 收据号数 _____

通话分数 _____ 分 备注：_____

民币 _____ 有邮电局戳记方可生效。

事项，凭此据办理。

营业员：_____

图2-10-9　1970年9月26日至10月25日的长途电话费收据

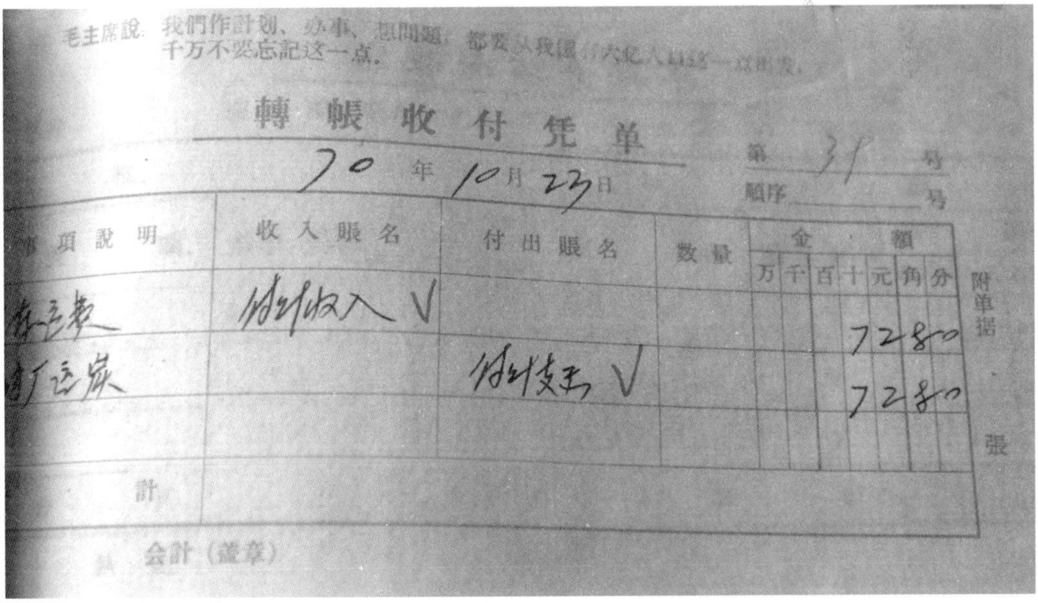

转账收付凭单

70 年 10 月 23 日　　第 31 号

顺序 _____ 号

事项說明	收入賬名	付出賬名	数量	金 额						
				万	千	百	十	元	角	分
	其他收入 √							7	2	80
		其他支出 √						7	2	80
計										
会計（盖章）										

图2-11　1970年10月23日转账收付凭证第三十九号

97

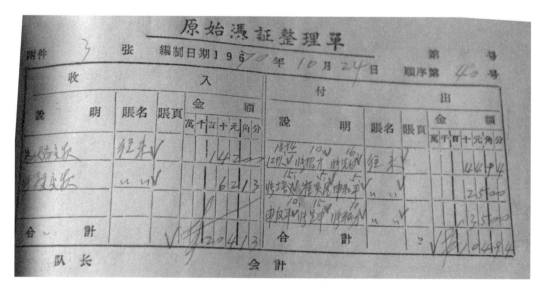

图2-12　1970年10月24日原始凭证整理单第四十号，附件三张

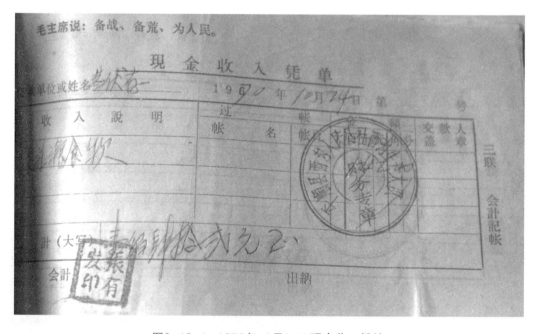

图2-12-1　1970年10月24日现金收入凭单

毛主席说：备战、备荒、为人民。

现金收入凭单

交款单位或姓名

1970年10月24日 第 号

收入說明	过帐 帐名	帐頁	金额 千百十元角分	交款人盖章
收粮食款				

合計（大写）

会計 出納

三联 会計記帐

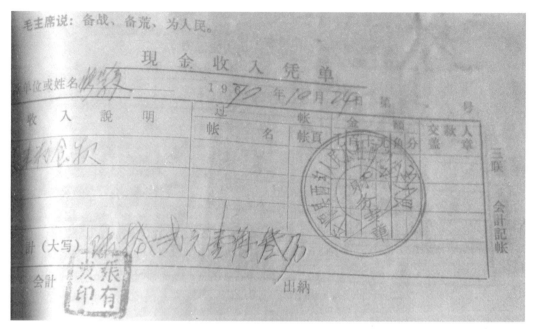

图2-12-2 1970年10月24日现金收入凭单

毛主席說：我們民族历来有一种艰苦奋斗的作風，我們要把它发扬起来。
《在延安庆祝五一国际劳动节大会上的講話》

现金付出凭单

领款单位或姓名

1970年10月23日 第 号

付出說明	过帐 帐名	帐頁	金额 千百十元角分	收款人盖章
			44.94	
			25.00	
			35.00	

合計（大写）

会計 出納

二联 会計記帐

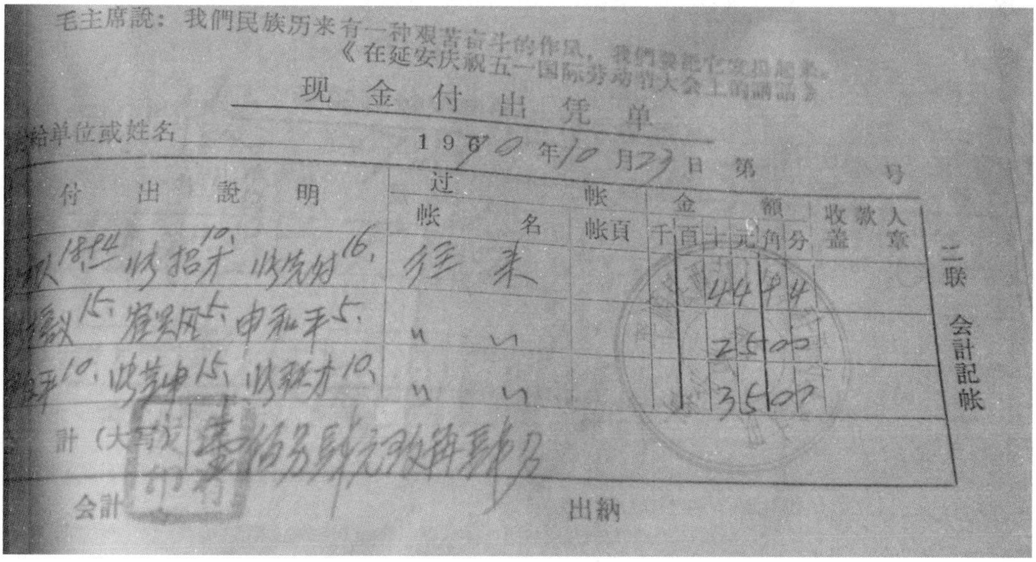

图2-12-3 1970年10月23日现金付出凭单

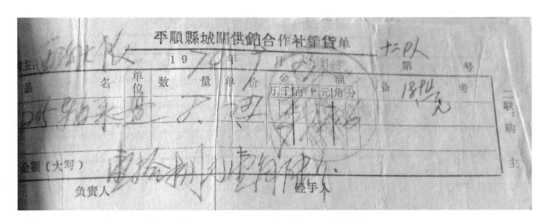

图2-12-4　1970年9月23日销货单

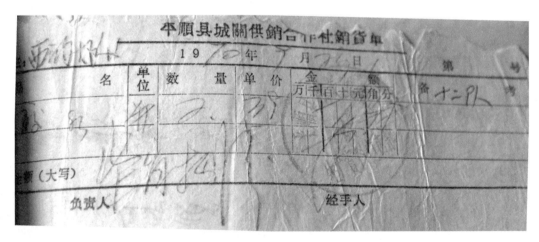

图2-12-5　1970年9月23日销货单

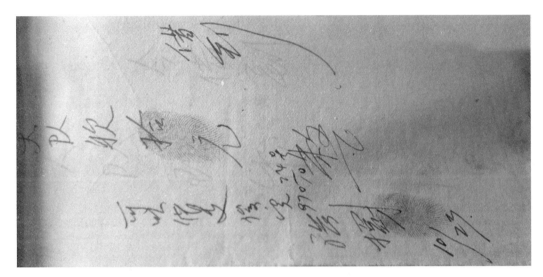

图2-12-6 1970年10月23日借款收据

图2-12-7 1970年10月23日借款收据

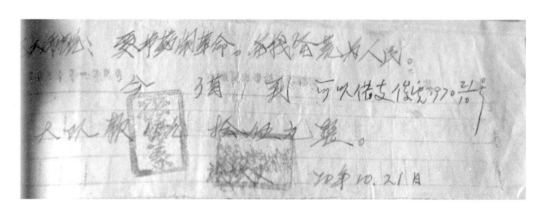

图2-12-8 1970年10月21日借款收据

图2-12-9 1970年10月20日借款收据

图2-12-10　1970年10月21日借款收据

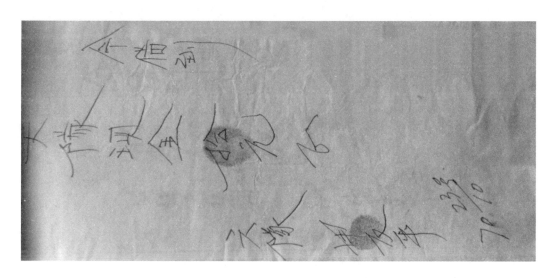

图2-12-11　1970年10月23日借款收据

图2-12-12　1970年10月14日借款收据

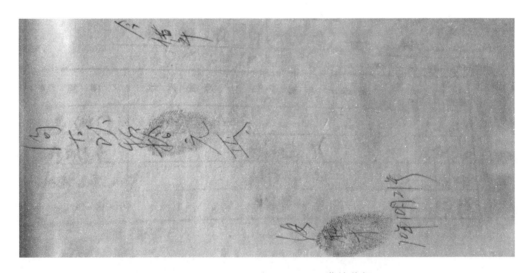

图2-12-13　1970年10月21日借款收据

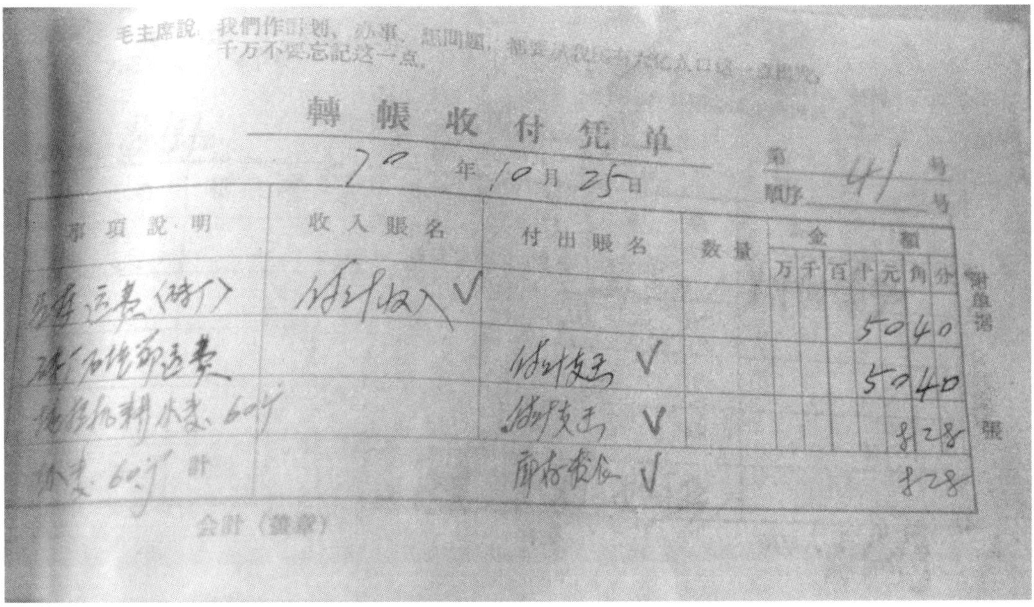

轉 帳 收 付 凭 单

７０ 年 10 月 25 日 　　　第 41 号
顺序 41 号

事項說明	收入賬名	付出賬名	数量	金　額
				万 千 百 十 元 角 分
运费（？）	他計收入 ✓			5040
修部五费		他計支出 ✓		5040
修耕小麦 6分		他陵玉 ✓		828
小麦 6分 計		廊房杂会 ✓		828
会計（蓋章）				

图2-13　1970年10月25日转账支付凭单第四十一号

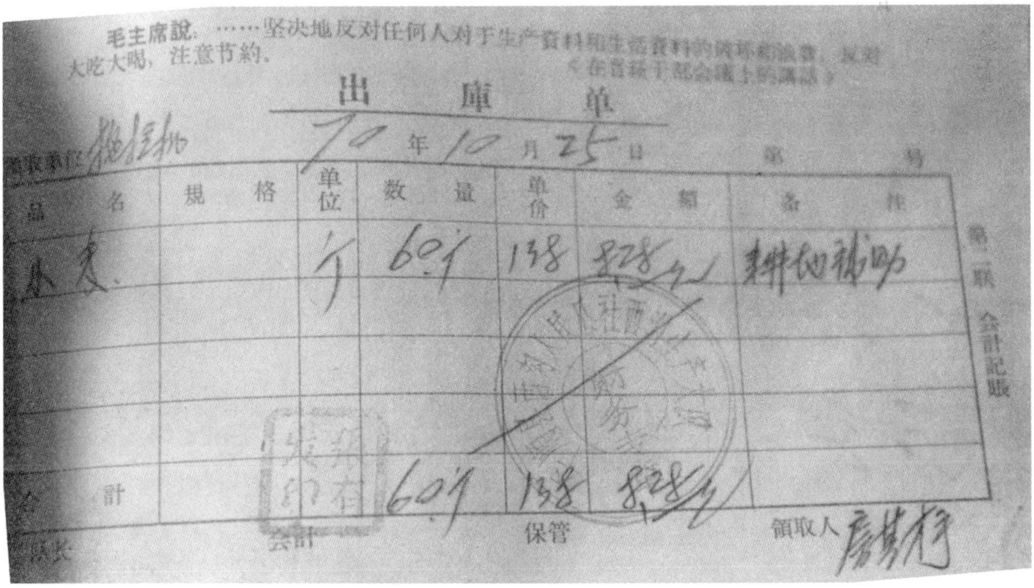

出 库 单

７０ 年 10 月 25 日 　　　第 号

品 名	規格	单位	数 量	单价	金 額	备 注
小麦		斤	60斤	138	828	耕作補助
計			60斤	138	828	
队长		会計		保管		領取人 唐某某

图2-13-1　1970年10月25日出库单

图2-13-2　1970年10月25日领取麦子收据

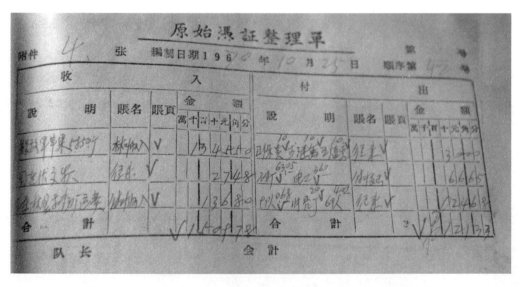

图2-14　1970年10月25日原始凭证整理单第四十二号，附件四张

106

毛主席说：备战、备荒、为人民。

现金收入凭单

款单位或姓名 解放军

196 70 年 10 月 25 日 第 号

收入説明	过帐 帐名	帐頁	金額 百 十 元 角 分	交款人盖章

計（大写）

会計 出納

三联 会計記帐

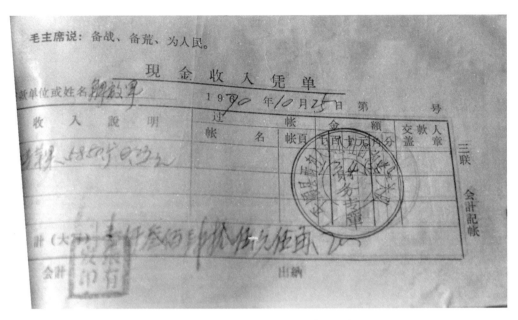

图2-14-1　1970年10月25日现金收入凭单

毛主席説：我們民族历来有一种艰苦奋斗的作风，我們要把它发揚起来。

《在延安庆祝五一国际劳动节大会上的講話》

现金付出凭单

付給单位或姓名

196 70 年 10 月 25 日 第 号

付出説明	过帐 帐名	帐頁	金額 千 百 十 元 角 分	收款人盖章

合計（大写）

会計 出納

二联 会計記帐

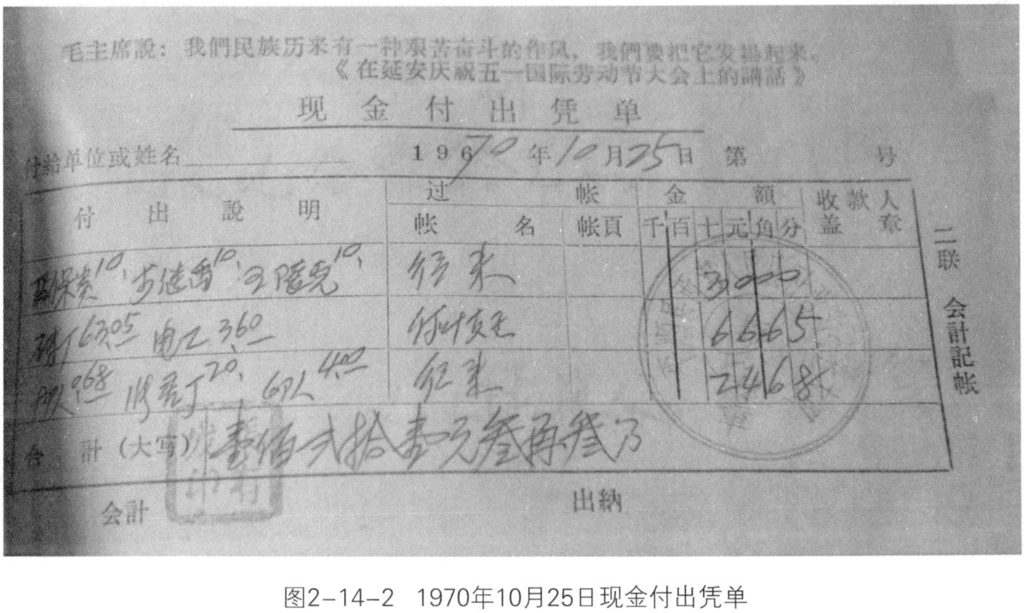

图2-14-2　1970年10月25日现金付出凭单

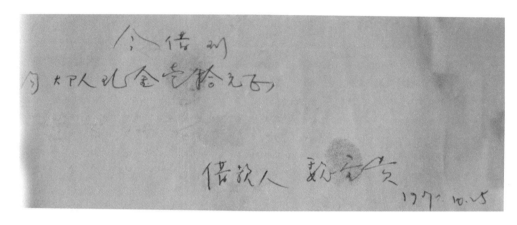

图2-14-3 1970年10月25日借款收据

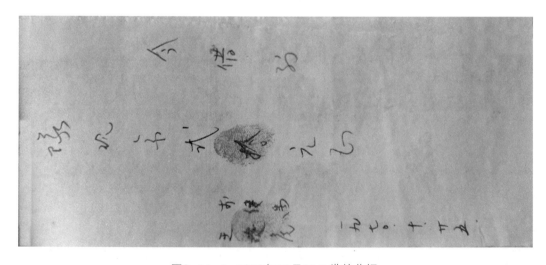

图2-14-4 1970年10月25日借款收据

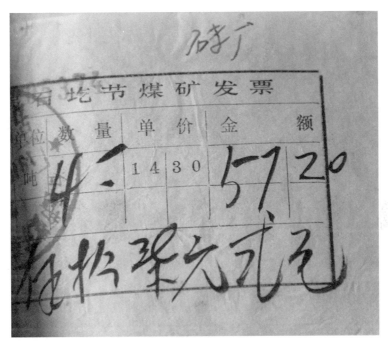

图2-14-5 1970年10月25日煤矿发票

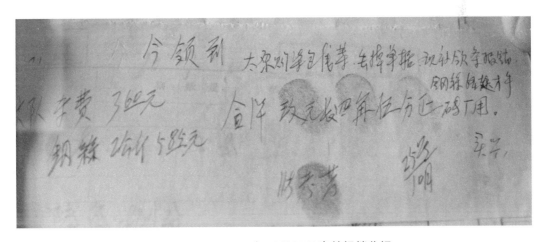

图2-14-6 1970年10月25日出差报销收据

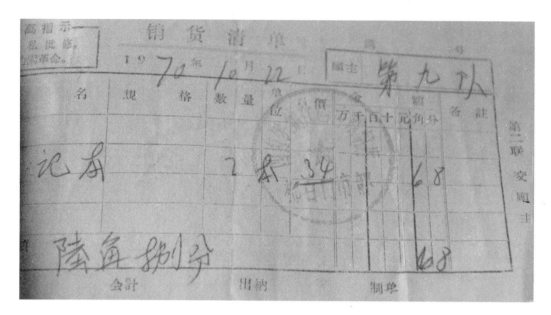

图2-14-7　1970年10月22日销货清单

图2-14-8　1970年10月24日借款收据

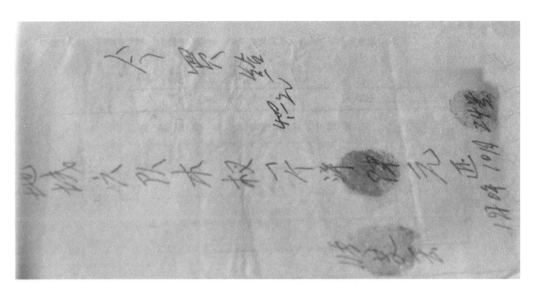

图2-14-9　1970年10月24日借款收据

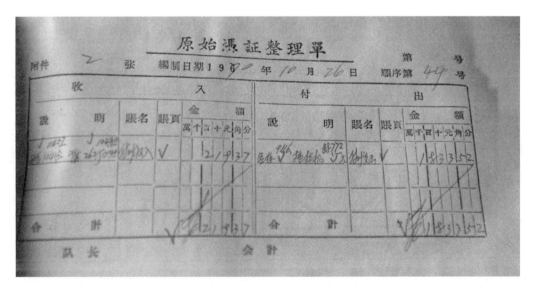

图2-15　1970年10月26日原始凭证整理单第四十四号，附件两张

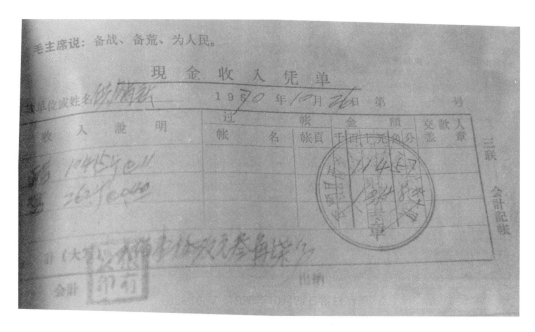

图2-15-1　1970年10月26日现金收入凭单

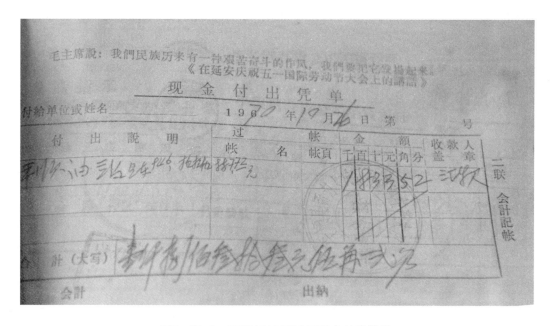

图2-15-2　1970年10月26日现金付出凭单

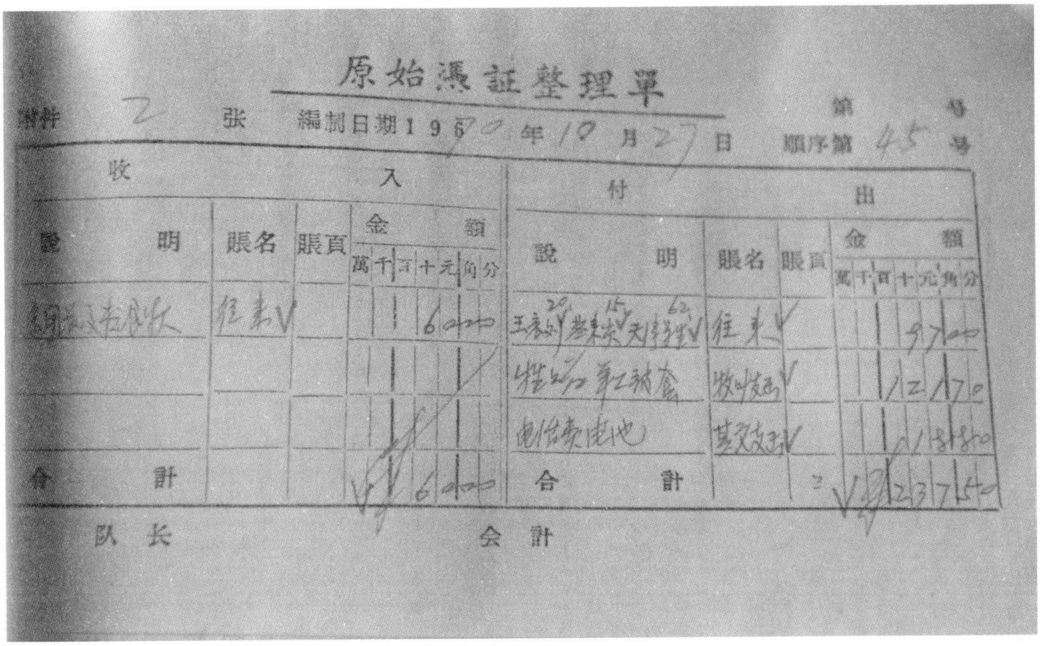

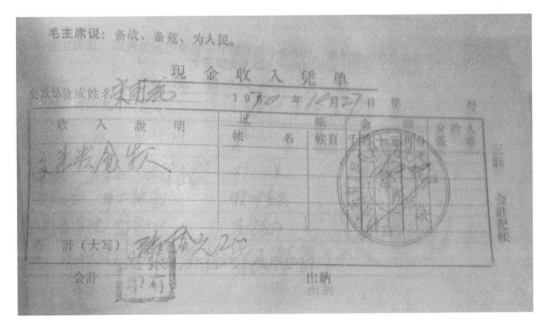

图2-16　1970年10月27日原始凭证整理单第四十五号，附件两张

图2-16-1　1970年10月27日现金收入凭单

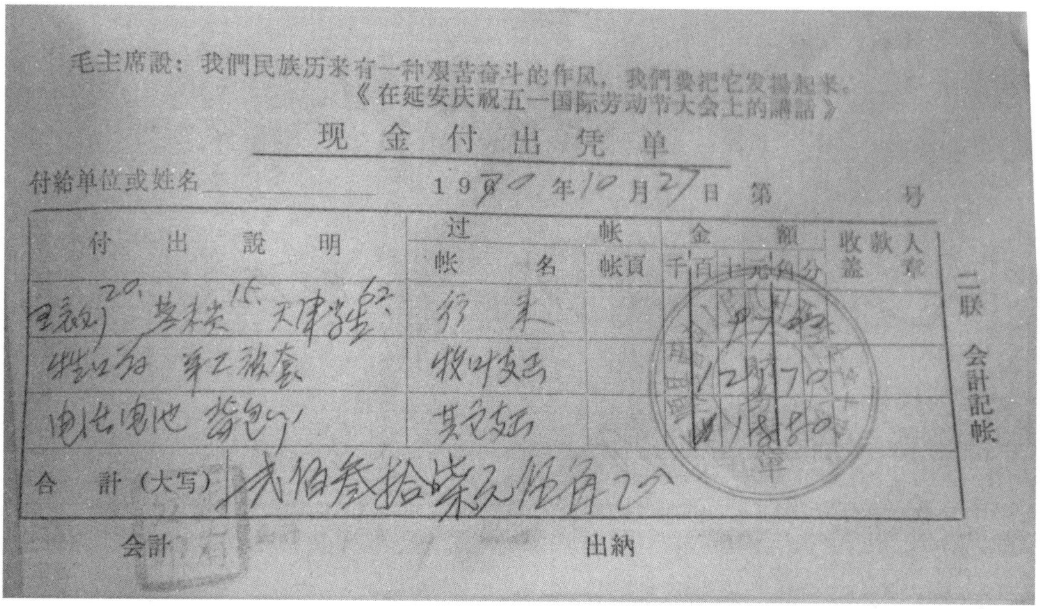

毛主席說：我們民族历来有一种艰苦奋斗的作風，我们要把它发揚起来。
《在延安庆祝五一国际劳动节大会上的講話》

现 金 付 出 凭 单

付給单位或姓名 _____ 19 年 10 月 27 日 第   号

付 出 說 明	过 帐		金 额	收款人盖章	
	帐 名	帐頁	千百十元角分		二联 会計記帳
王线 铃林洪 天津玄堂	修来				
些红细 半工滋套	牧川支玉				
电化电池 蓄色	其它如				
合 計（大写） 式佰叁拾柴元伍角二分					

会計　　　　　　　　　　　　出納

图2-16-2　1970年10月27日现金付出凭单

图2-16-3　1970年10月25日借款收据

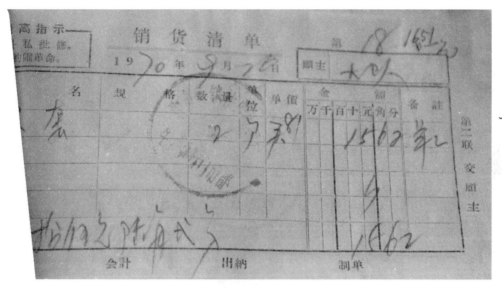

图2-16-4　1970年9月26日销货清单

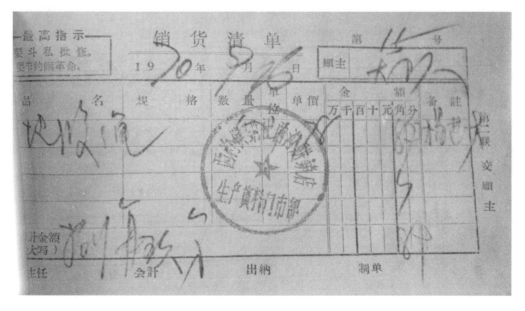

图2-16-5　1970年9月26日销货清单

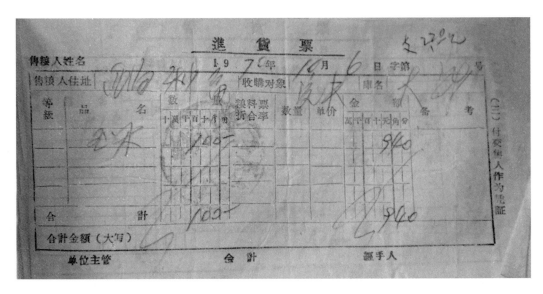

图2-16-6 1970年10月6日进货票

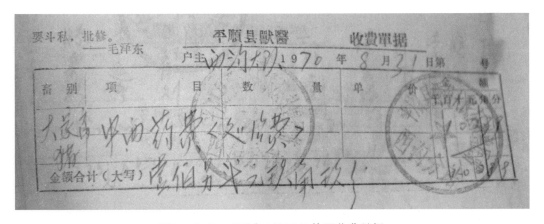

图2-16-7 1970年8月31日兽医收费单据

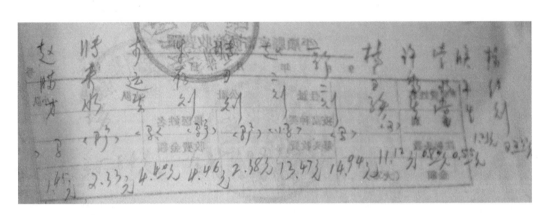

图2-16-8　兽医收费单据明细

图2-16-9　兽医收费单据明细

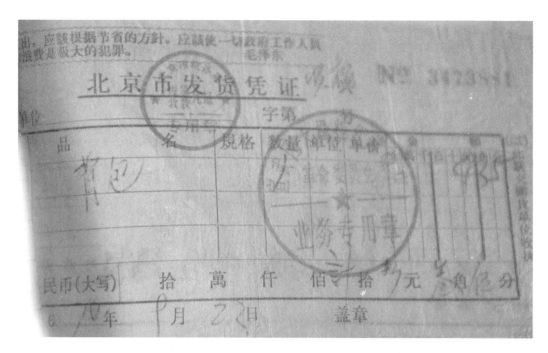

图2-16-10　1970年9月23日发货凭证

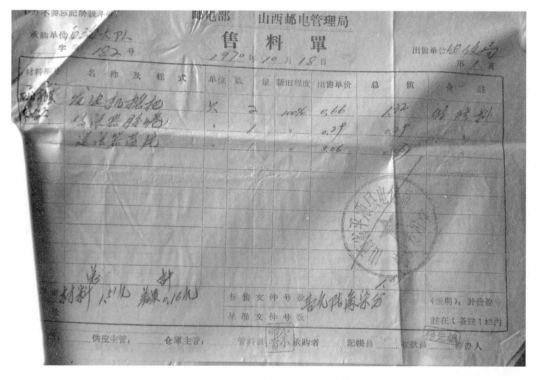

图2-16-11　1970年10月18日售料单

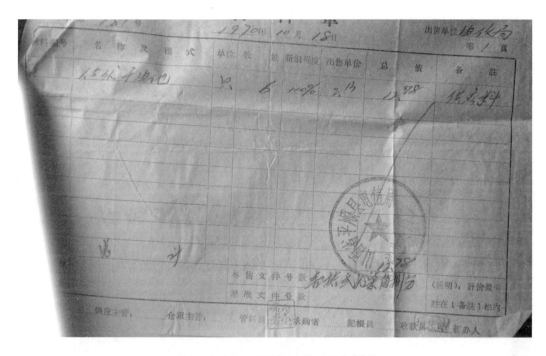

图2-16-12　1970年10月18日售料单

图2-16-13　1970年10月10日生活费收据

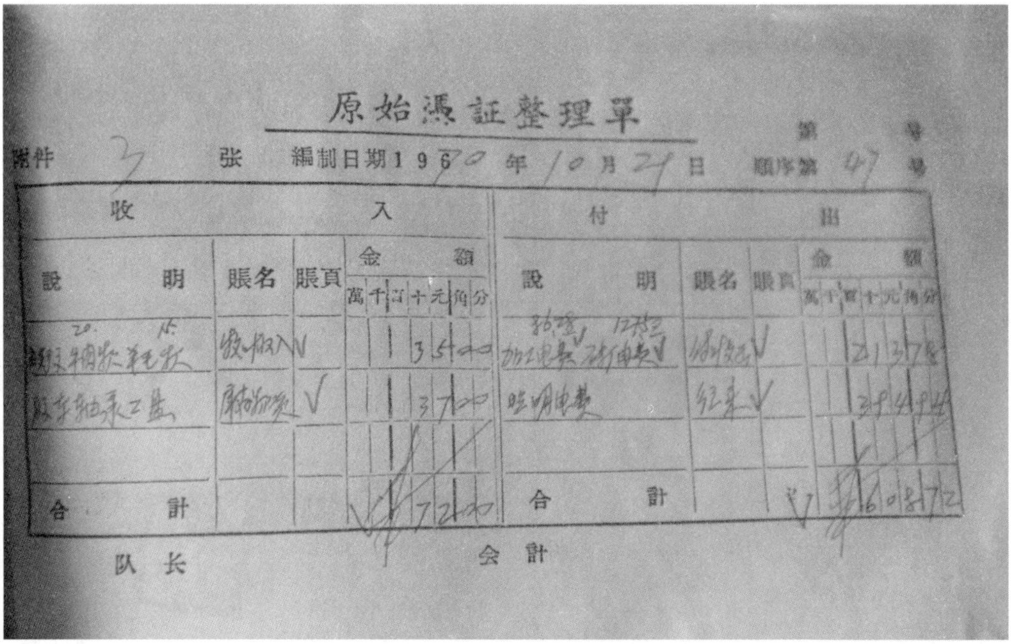

图2-17　1970年10月29日原始凭证整理单第四十七号，附件三张

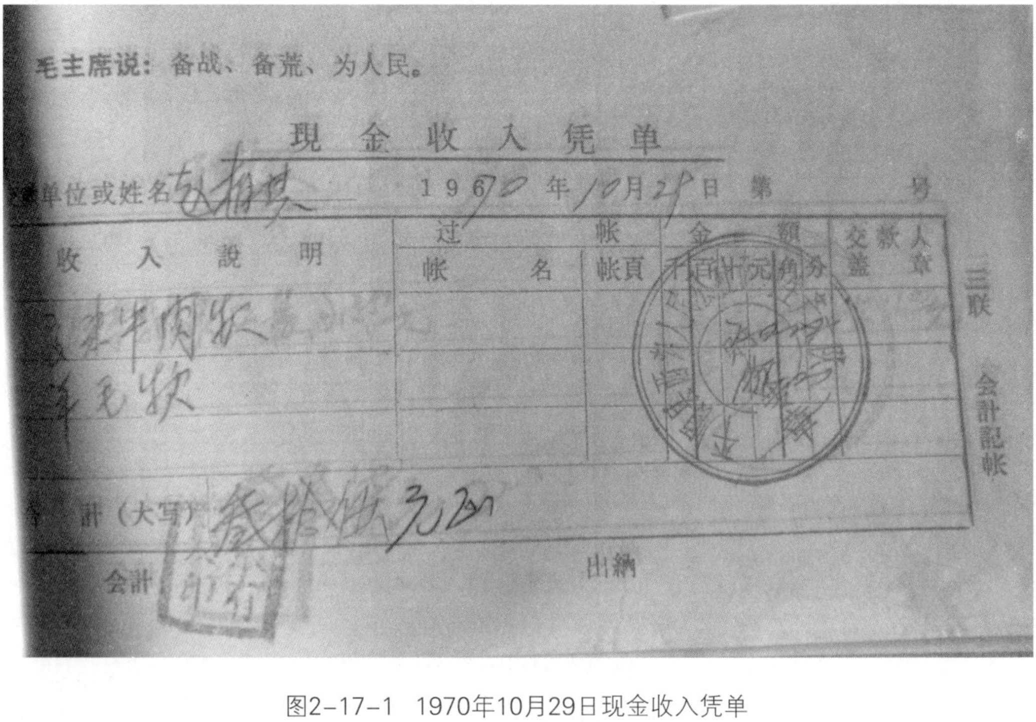

图2-17-1　1970年10月29日现金收入凭单

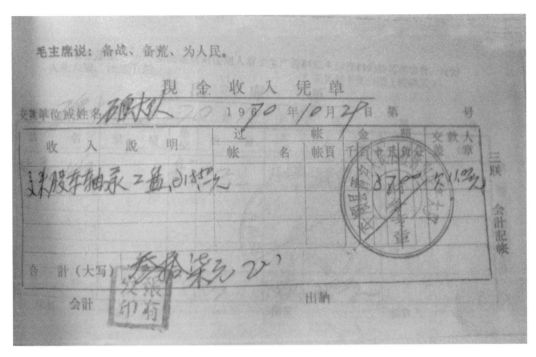

图2-17-2　1970年10月29日现金收入凭单

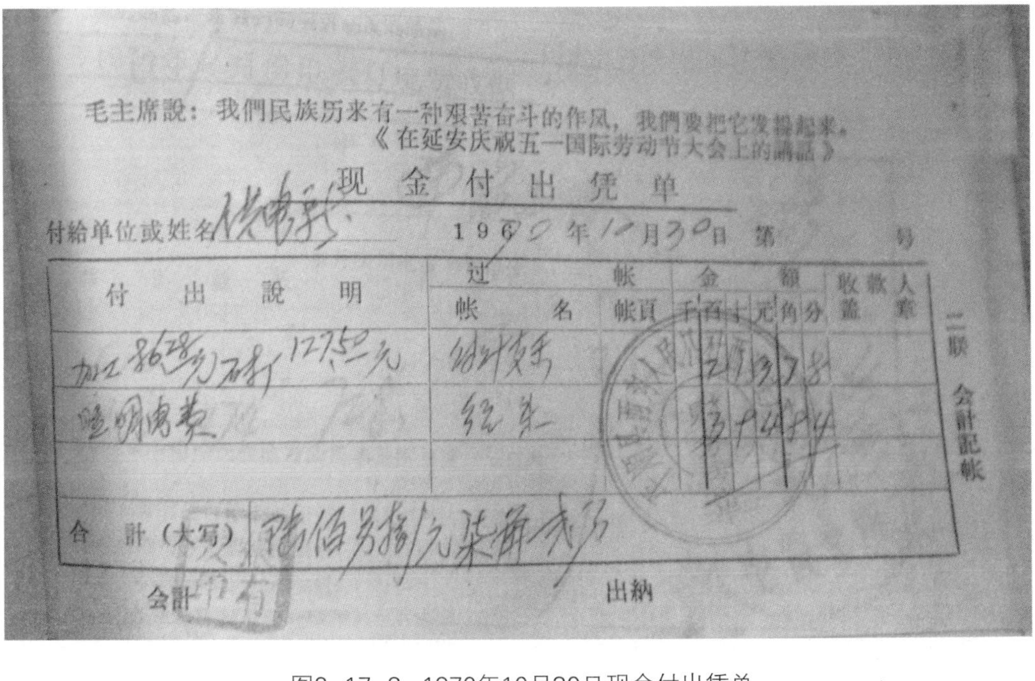

图2-17-3　1970年10月30日现金付出凭单

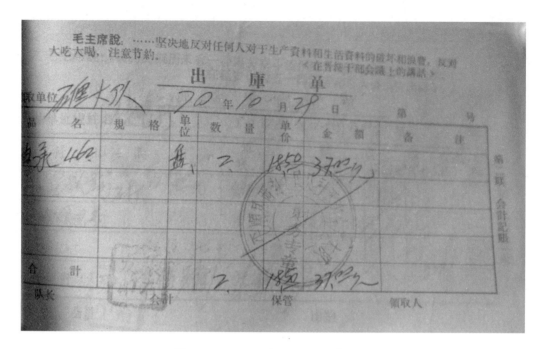

图2-17-4 1970年10月29日出库单

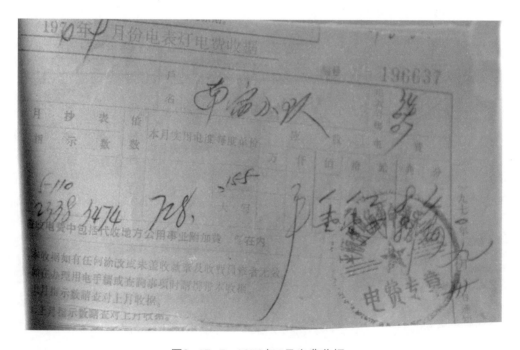

图2-17-5 1970年9月电费收据

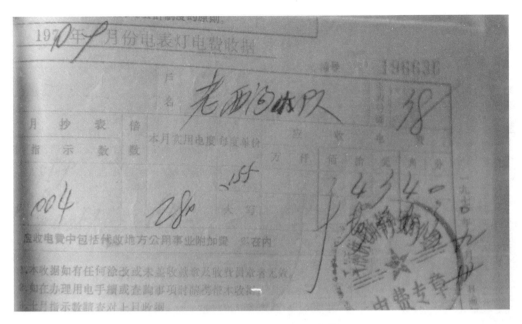

图2-17-6　1970年9月电费收据

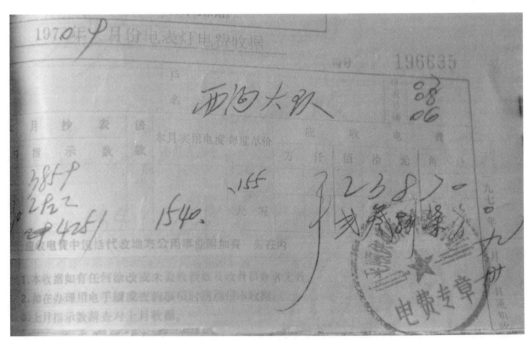

图2-17-7　1970年9月电费收据

图2-17-8　1970年9月电费收据

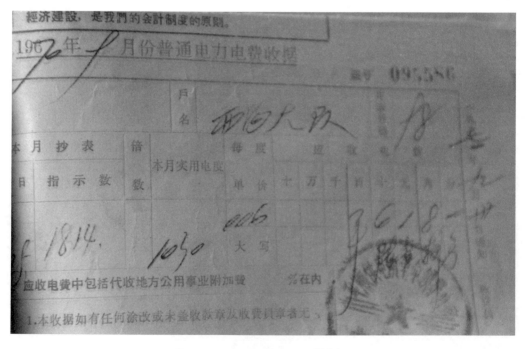

图2-17-9　1970年9月电费收据

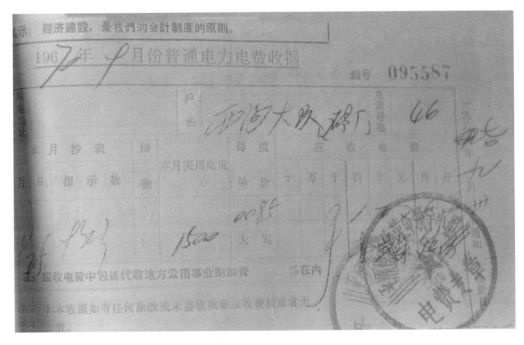

图2-17-10　1970年9月电费收据

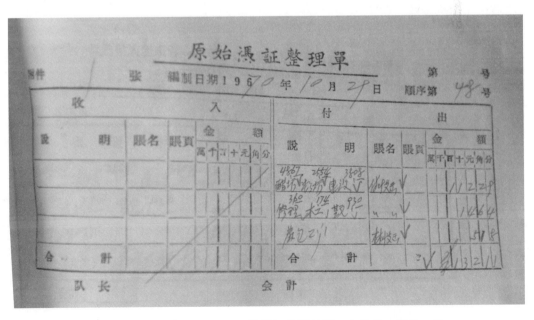

图2-18　1970年10月29日原始凭证整理单第四十八号，附件一张

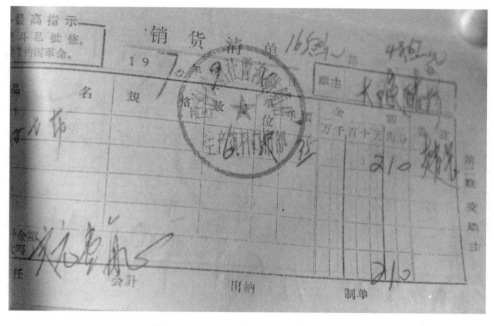

图2-18-1　1970年10月29日现金付出凭单

图2-18-2　1970年9月5日销货清单

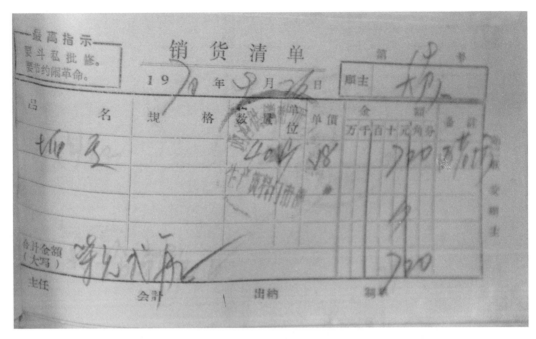

图2-18-3　1970年9月26日销货清单

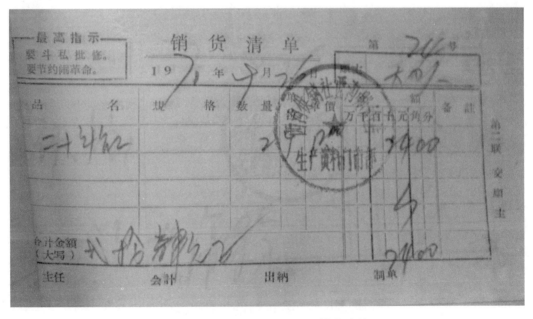

图2-18-4　1970年9月26日销货清单

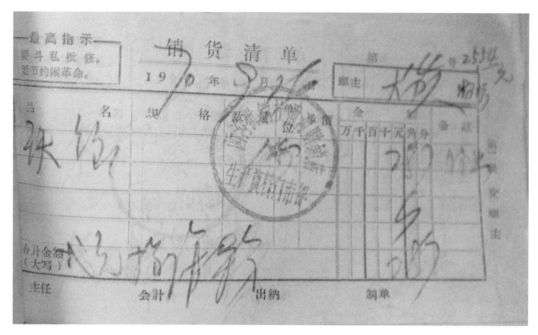

图2-18-5　1970年9月26日销货清单

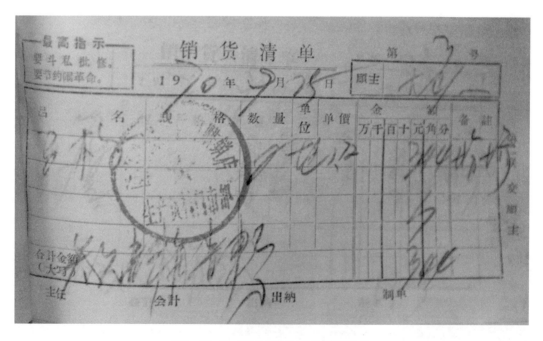

图2-18-6　1970年9月25日销货清单

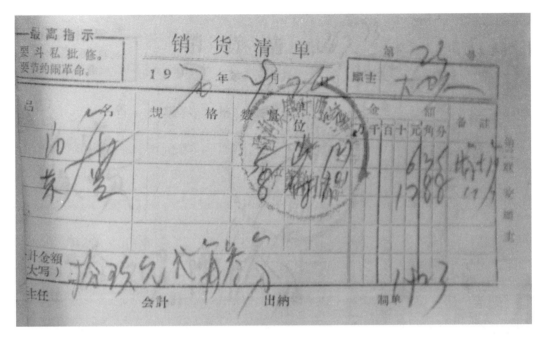

图2-18-7 1970年9月26日销货清单

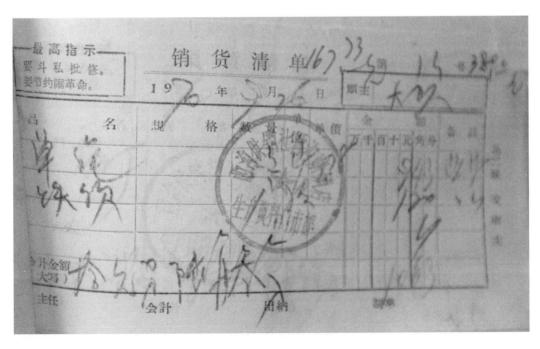

图2-18-8 1970年9月26日销货清单

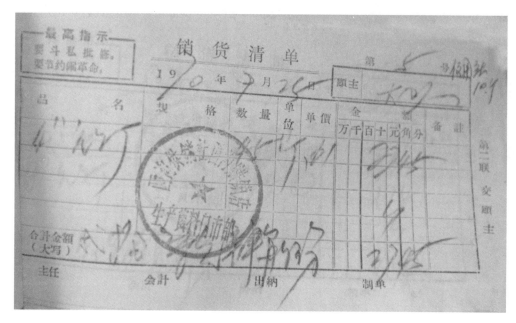

图2-18-9 1970年9月25日销货清单

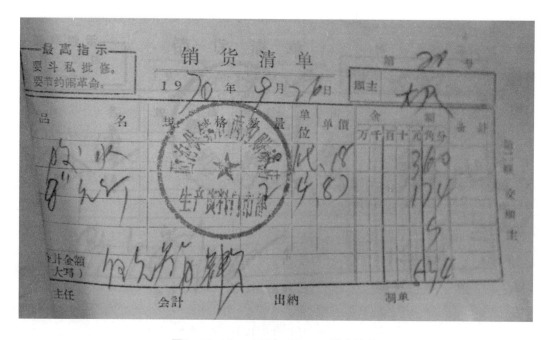

图2-18-10 1970年9月26日销货清单

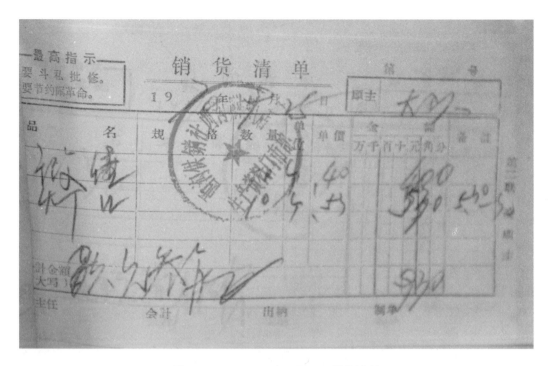

图2-18-11　1970年9月25日销货清单

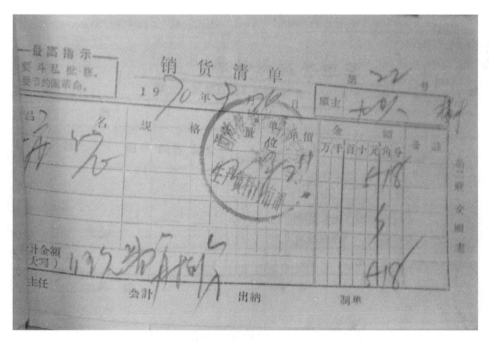

图2-18-12　1970年9月26日销货清单

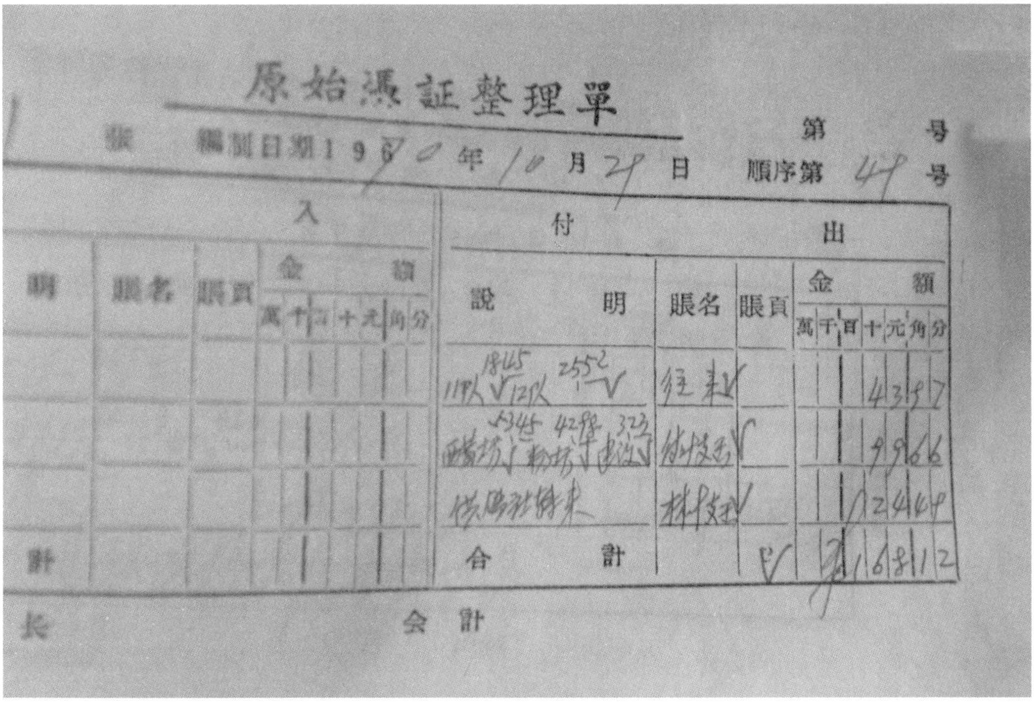

原始憑証整理單

張　編制日期1970年10月29日　第　号　順序第49号

入				付出			
明	賬名	賬頁	金額	說明	賬名	賬頁	金額
				11队1845 12队2552	经来		43.97
				磁场5345 粉场4288 建设323			99.56
				供销社转来	林技		24.64
計				合計			168.17

長　会計

图2-19　1970年10月29日原始凭证整理单第四十九号，附件一张

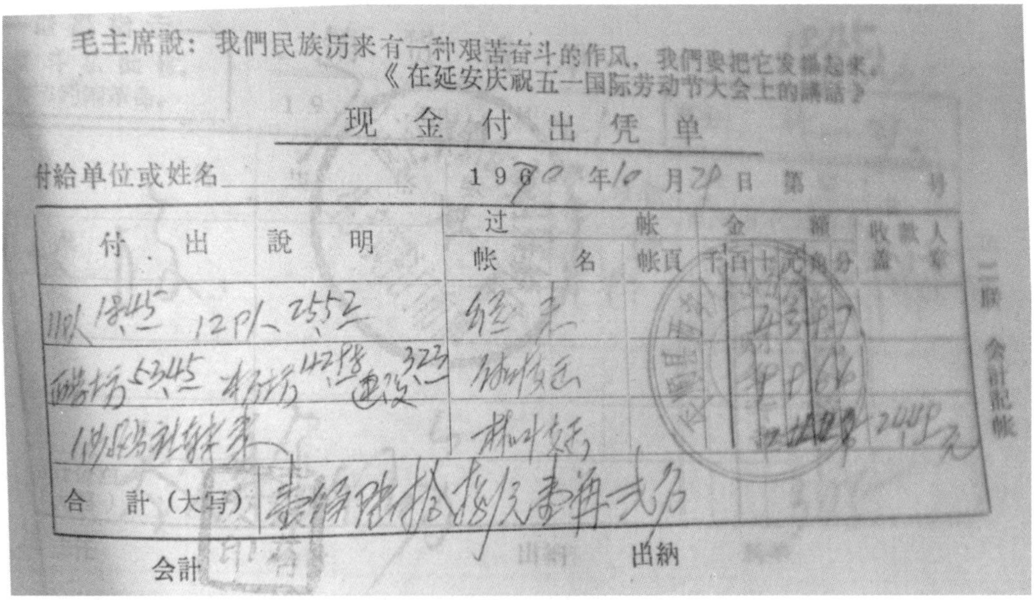

毛主席說：我們民族历来有一种艰苦奋斗的作风，我們要把它发扬起来。
《在延安庆祝五一国际劳动节大会上的講話》

现金付出凭单

付給单位或姓名＿＿＿＿　1970年10月29日　第　号

付出說明	过帐 帐名	帐頁	金額	收款人蓋章
11队1845 12队2552	经来			
磁场5345 粉场4288 建设323				
供销社转来	林技			
合計（大写）				

二联 会計記帐

会計　出納

图2-19-1　1970年10月29日现金付出凭单

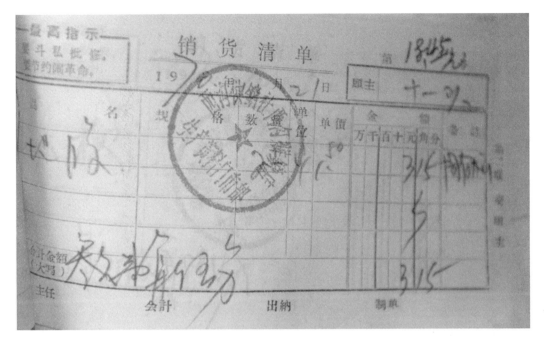

图2-19-2　1970年10月21日销货清单

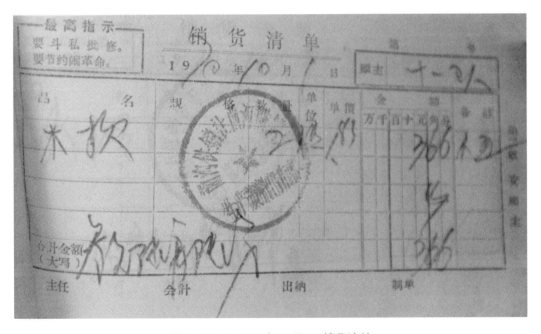

图2-19-3　1970年10月1日销货清单

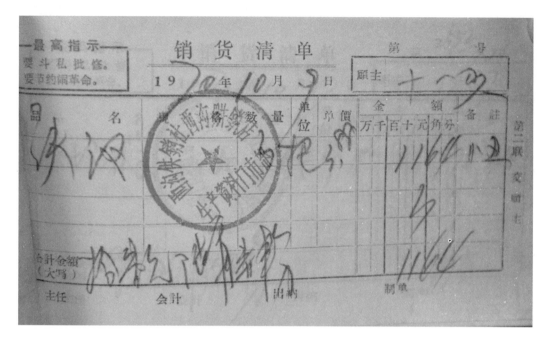

图2-19-4　1970年10月9日销货清单

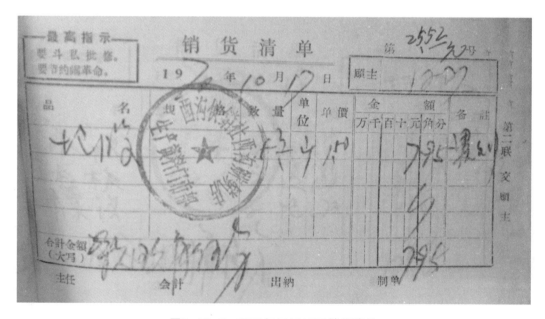

图2-19-5　1970年10月17日销货清单

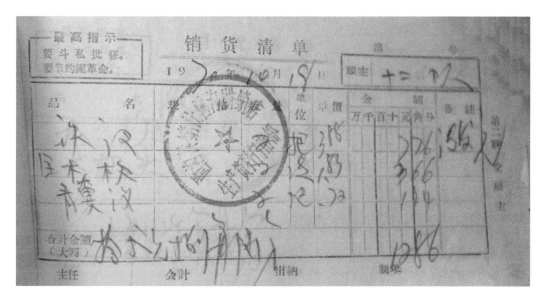

图2-19-6　1970年10月18日销货清单

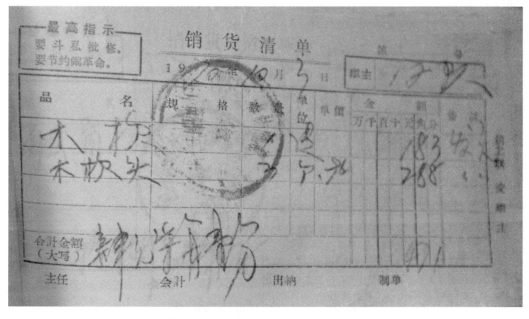

图2-19-7　1970年10月3日销货清单

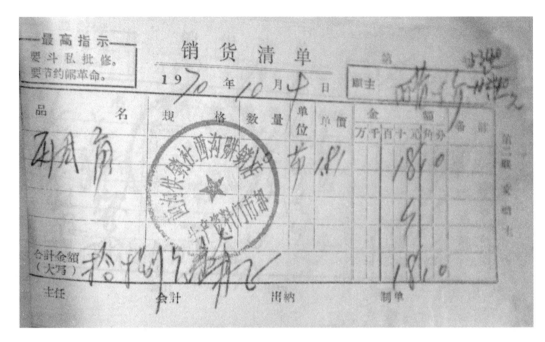

图2-19-8　1970年10月9日销货清单

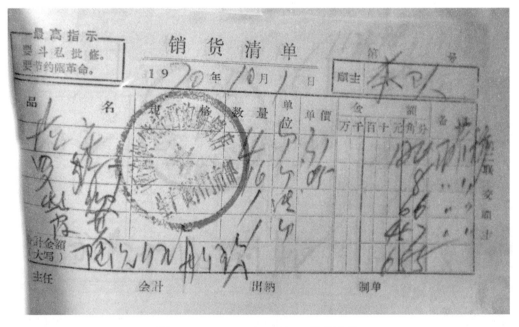

图2-19-9　1970年10月1日销货清单

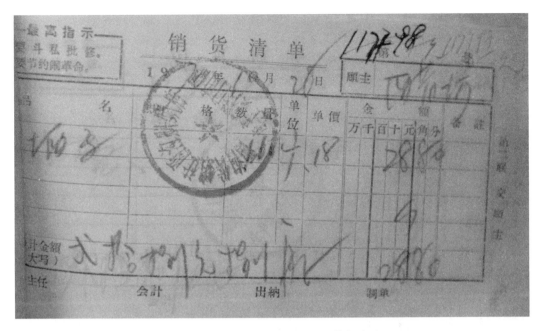

图2-19-10　1970年10月28日销货清单

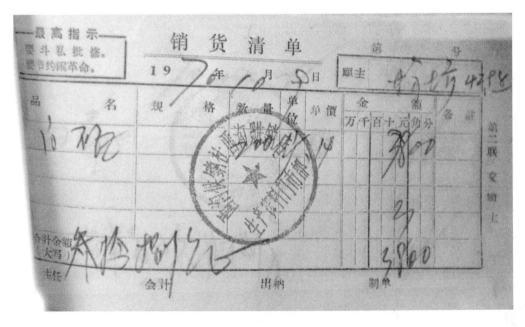

图2-19-11　1970年10月9日销货清单

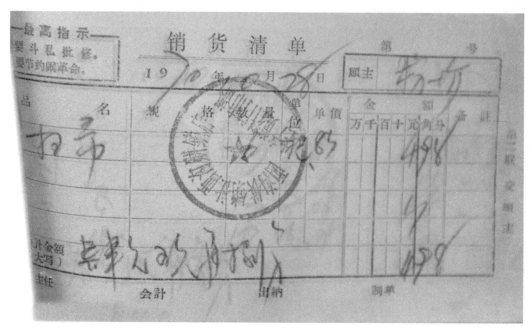

图2-19-12　1970年10月28日销货清单

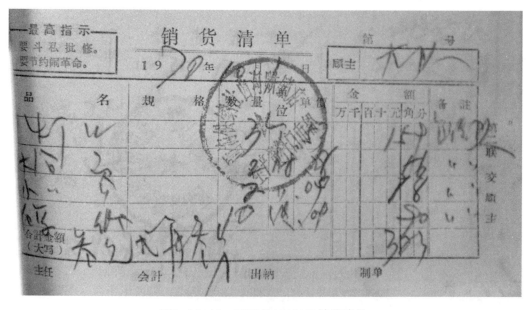

图2-19-13　1970年10月1日销货清单

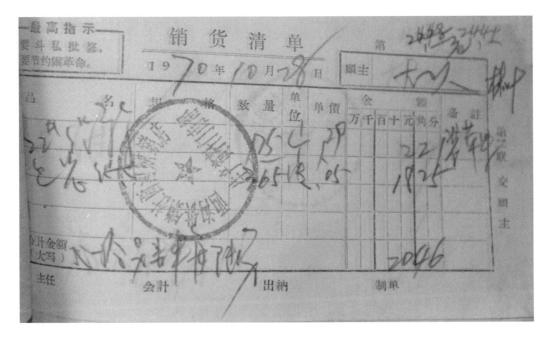

图2-19-14　1970年10月28日销货清单

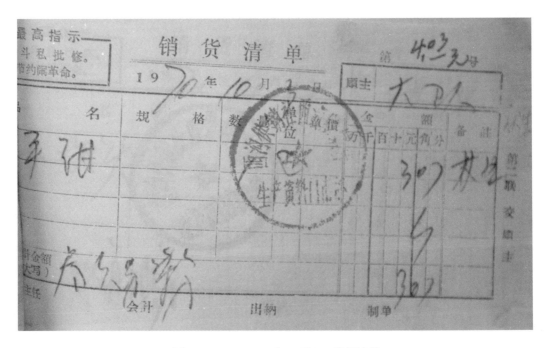

图2-19-15　1970年10月3日销货清单

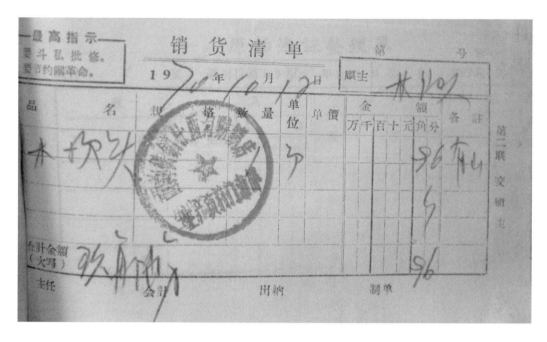

图2-19-16　1970年10月12日销货清单

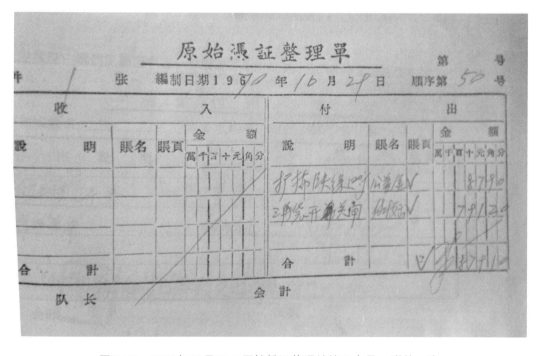

图2-20　1970年10月29日原始凭证整理单第五十号，附件一张

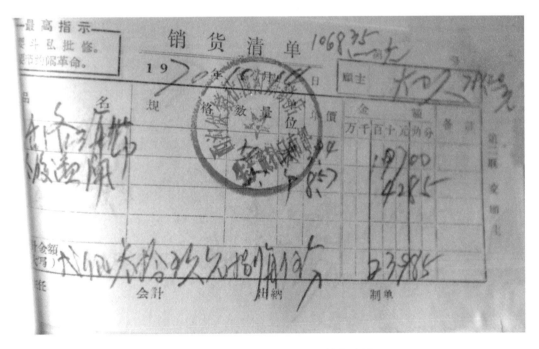

图2-20-1　970年10月29日现金付出凭单

图2-20-2　1970年10月14日销货清单

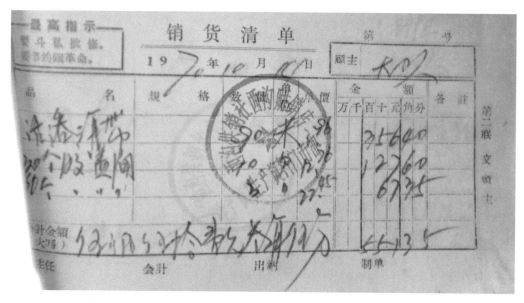

图2-20-3 1970年10月14日销货清单

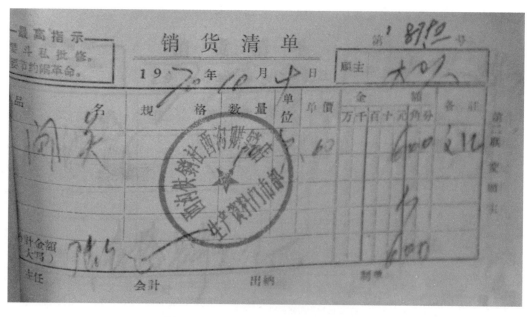

图2-20-4 1970年10月9日销货清单

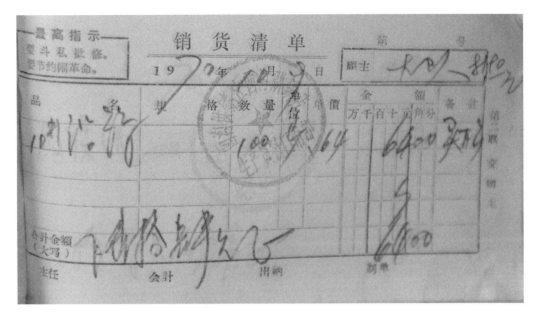

图2-20-5　1970年10月9日销货清单

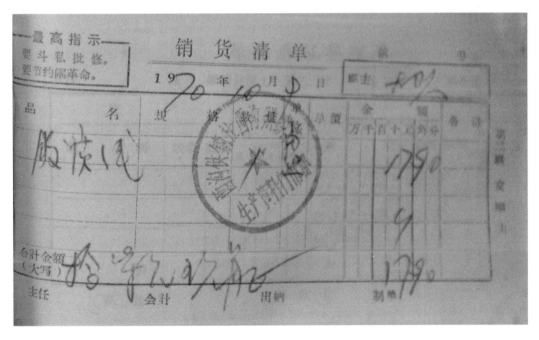

图2-20-6　1970年10月9日销货清单

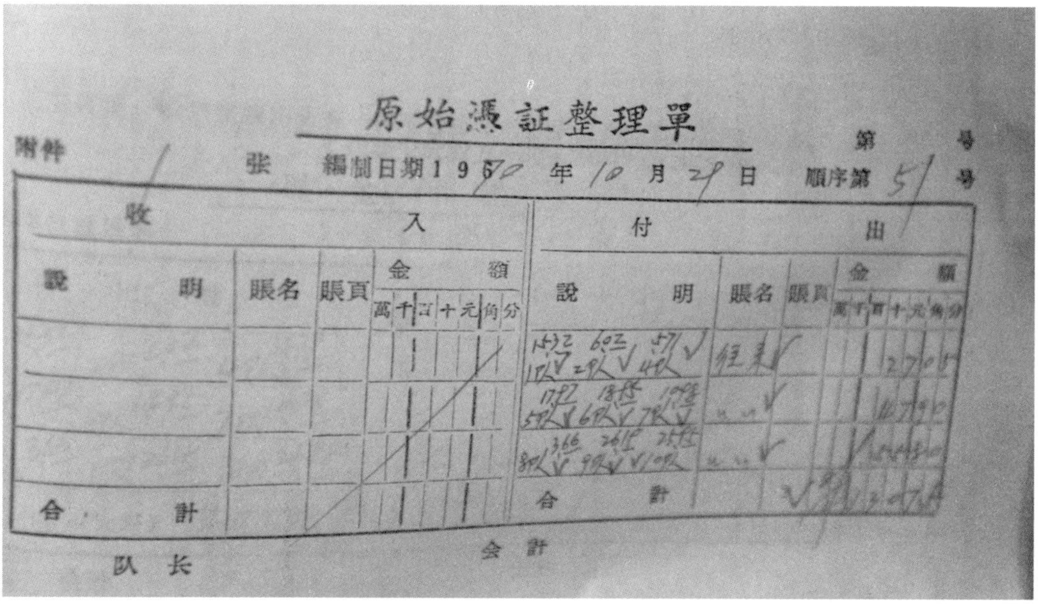

原始凭証整理單

附件 1 張　編制日期 1970 年 10 月 29 日　第　号　順序第 51 号

收入				付出			
說明	賬名	賬頁	金額 萬千百十元角分	說明	賬名	賬頁	金額 萬千百十元角分
				1队15.32 2队60.2 4队57.1	往来		127.05
				5队17.97 6队18.55 7队19.38	〃 〃		
				8队3.66 9队26.15 10队25.55	〃 〃		
合計				合計			

队长　会計

图2-21　1970年10月29日原始凭证整理单第五十一号，附件一张

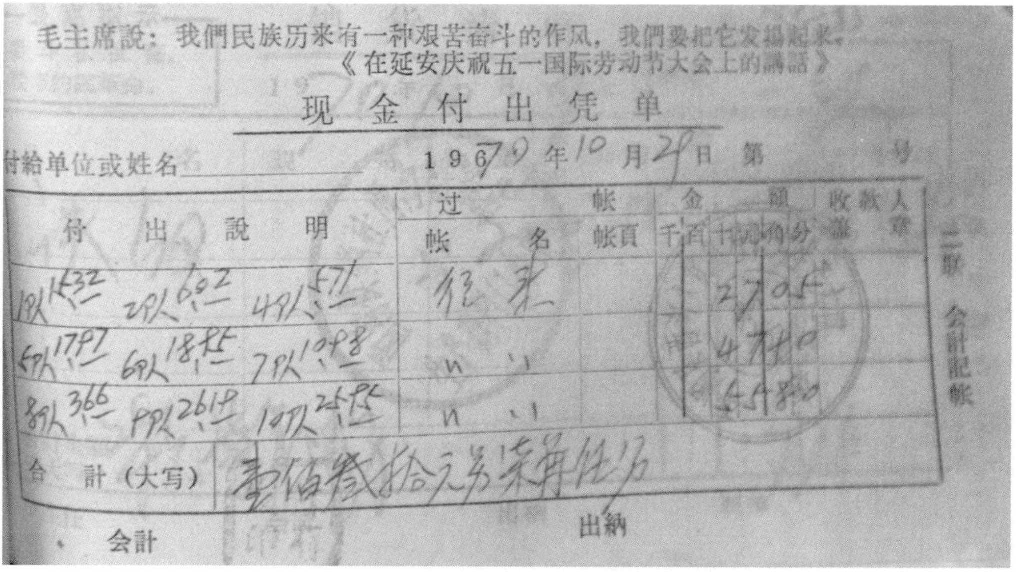

毛主席說：我們民族历来有一种艰苦奋斗的作风，我們要把它发揚起来。
《在延安庆祝五一国际劳动节大会上的講話》

现金付出凭单

付給单位或姓名　1970 年 10 月 29 日　第　号

付出說明	过帳 帳名	帳頁	金額 千百十元角分	收款人盖章
1队15.32 2队60.2 4队57.1	往来		127.05	
5队17.97 6队18.55 7队19.38	〃 〃			
8队3.66 9队26.15 10队25.55	〃 〃			
合計（大写）	壹佰叁拾元〇柒角伍分			

会計　出納

二联　会計記帐

图2-21-1　970年10月29日现金付出凭单

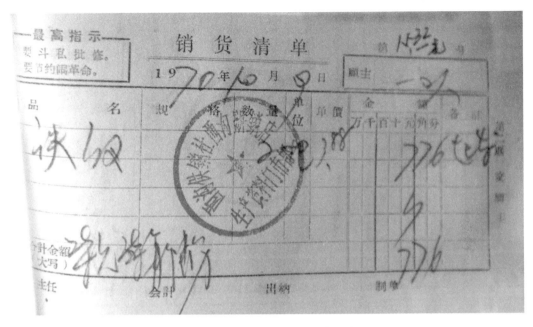

图2-21-2 1970年10月9日销货清单

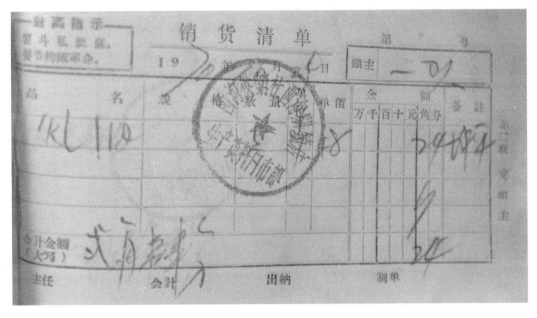

图2-21-3 1970年10月29日销货清单

145

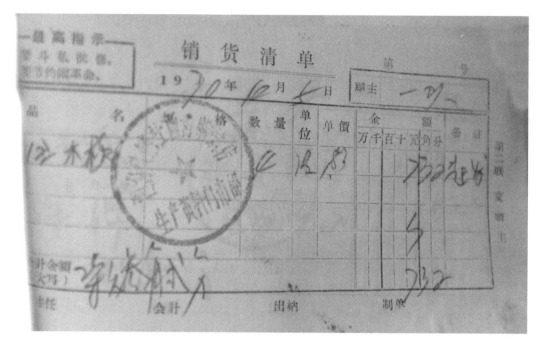

图2-21-4 1970年1970年10月5日销货清单

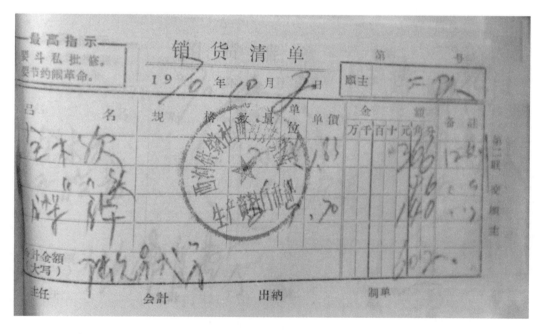

图2-21-5 1970年10月2日销货清单

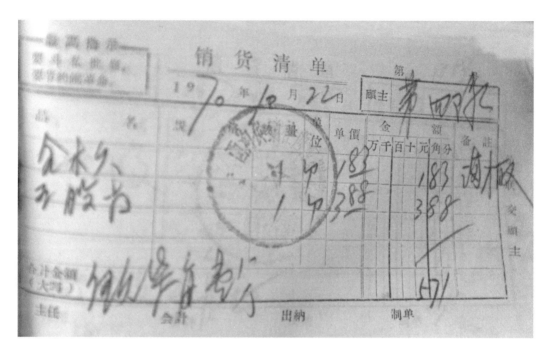

图2-21-6　1970年10月22日销货清单

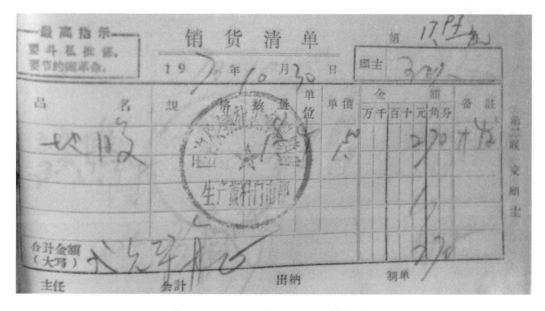

图2-21-7　1970年10月30日销货清单

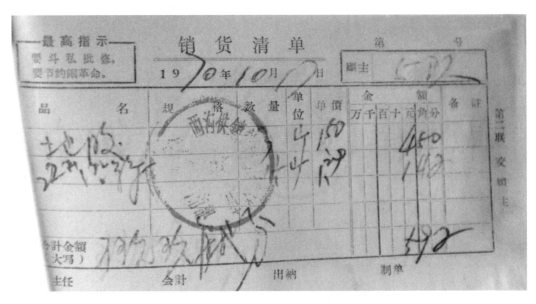

图2-21-8　1970年10月17日销货清单

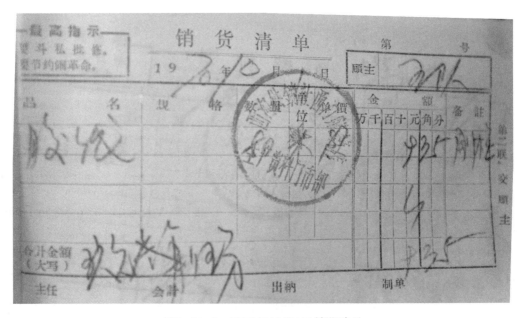

图2-21-9　1970年10月1日销货清单

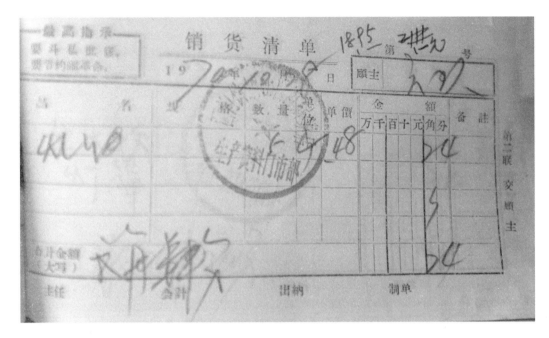

图2-21-10　1970年10月28日销货清单

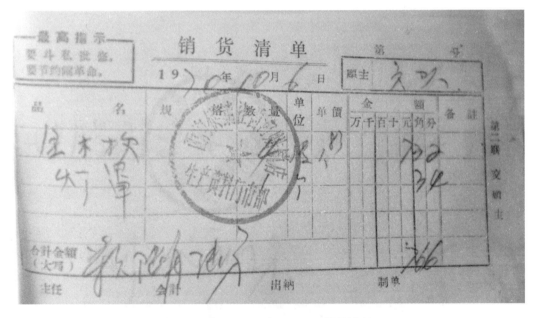

图2-21-11　1970年10月6日销货清单

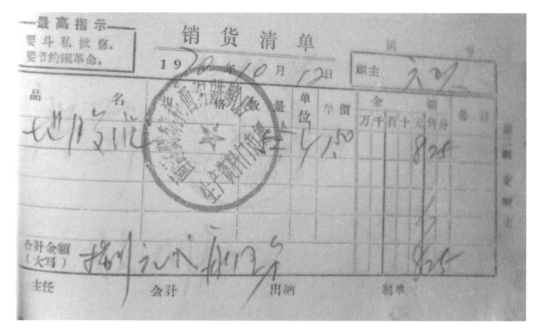

图2-21-12　1970年10月12日销货清单

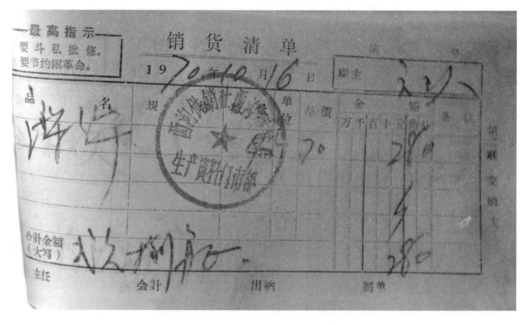

图2-21-13　1970年10月16日销货清单

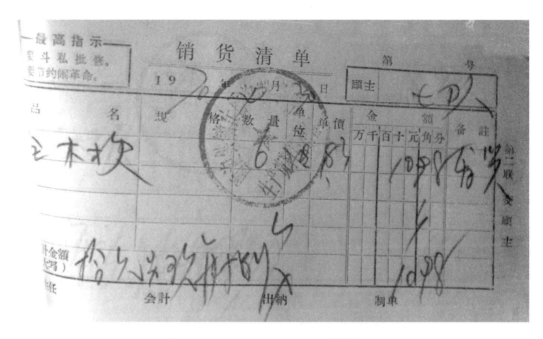

图2-21-14　1970年9月30日销货清单

图2-21-15　1970年10月20日销货清单

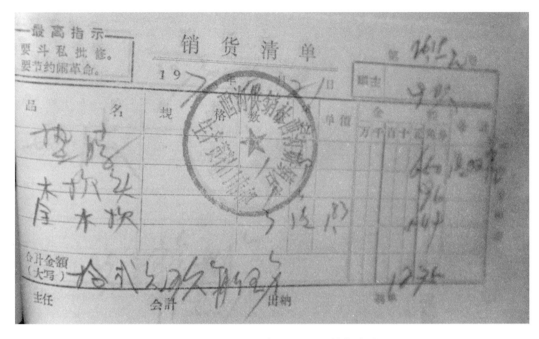

图2-21-16　1970年10月21日销货清单

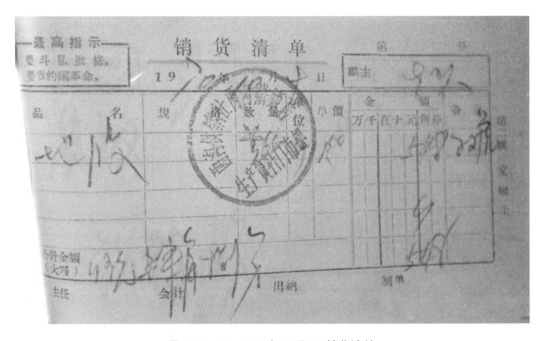

图2-21-17　1970年10月9日销货清单

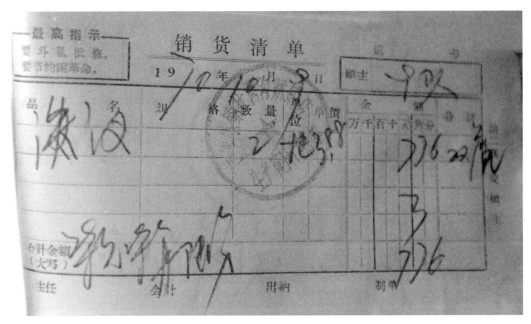

图2-21-18 1970年10月9日销货清单

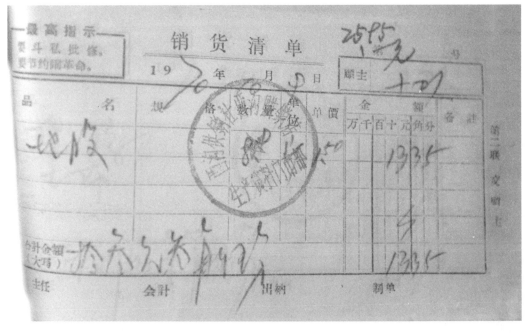

图2-21-19 1970年10月9日销货清单

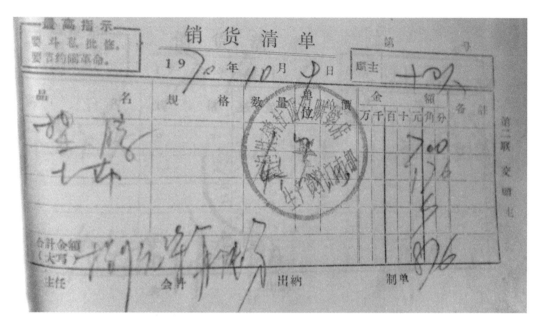

图2-21-20　1970年10月9日销货清单

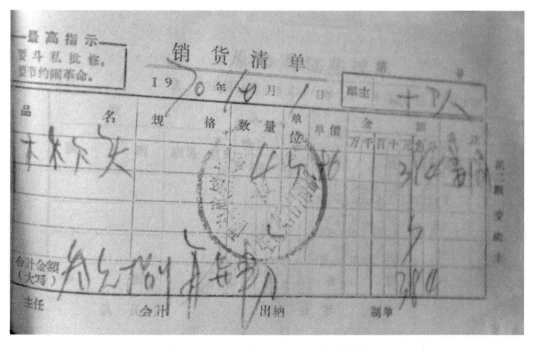

图2-21-21　1970年10月1日销货清单

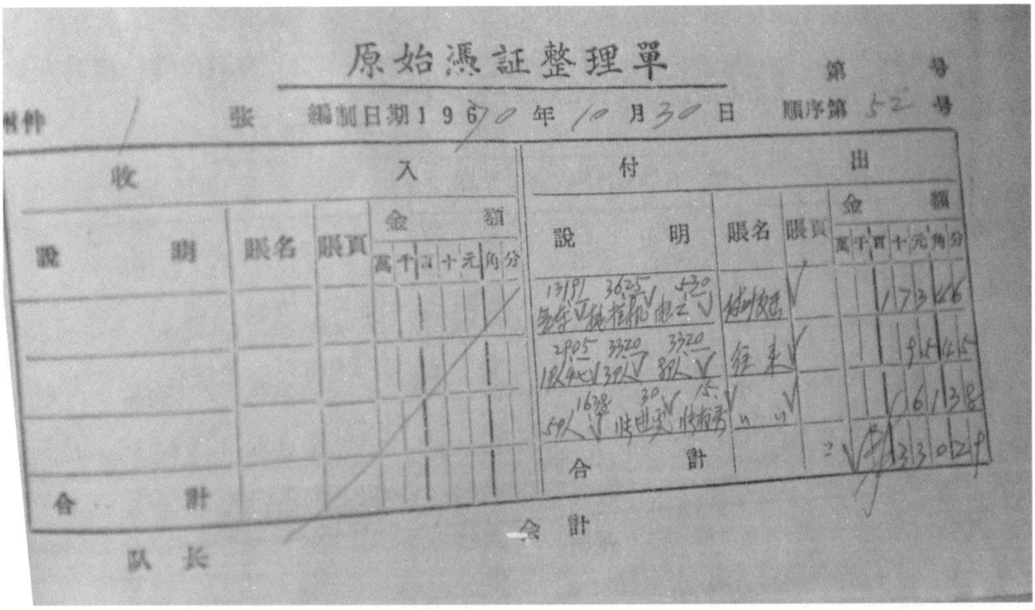

原始憑証整理單

第　　号

附件 1 张　編制日期 1970 年 10 月 30 日　順序第 52 号

收入				付出			
說明	賬名	賬頁	金額（萬千百十元角分）	說明	賬名	賬頁	金額（萬千百十元角分）
				131.91 362.5 5.30	付小友出	✓	1739.6
				290.5 332.0 332.0	往来	✓	954.5
				163.8 30 15	〃	〃	613.8
合計				合計			3330.9

会計

队長

图2-22　1970年10月30日原始凭证整理单第五十二号，附件一张

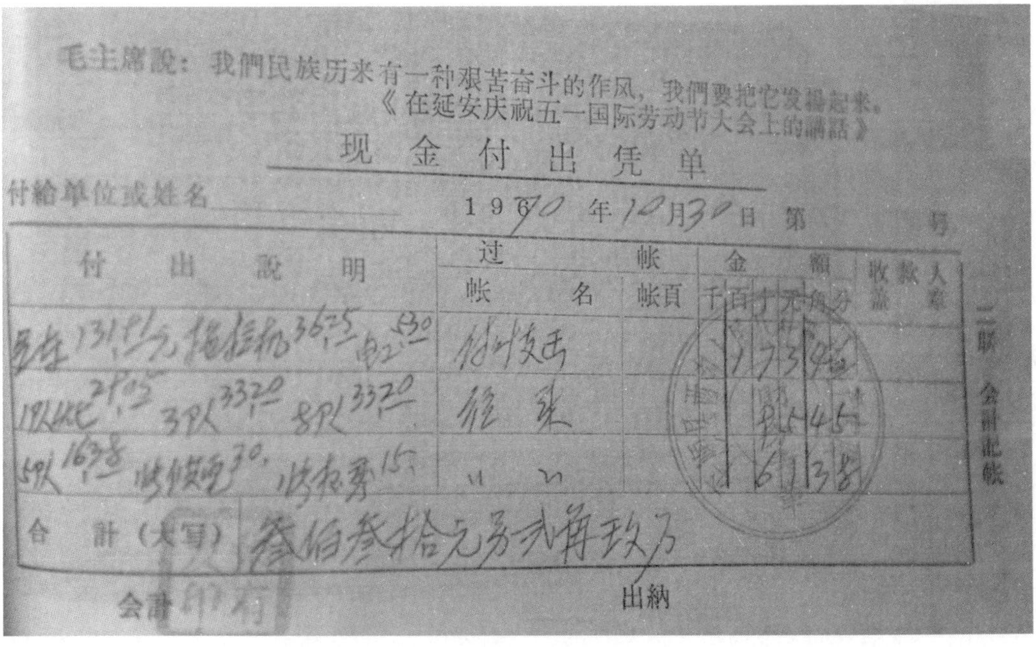

毛主席說：我們民族历来有一种艰苦奋斗的作风，我們要把它发揚起来。

《在延安庆祝五一国际劳动节大会上的講話》

现金付出凭单

付給単位或姓名

1970 年 10 月 30 日　第　　号

付出說明	过帳 帳名	帳頁	金額（千百十元角分）	收款人蓋章
131.91　362.5　5.30	付小友出		1739.6	
290.5　332.0　332.0	往来		954.5	
163.8　30.　15.	〃　〃		613.8	
合計（大写）	叁佰叁拾元另貳角玖分			

二联　会計記帳

会計　　出納

图2-22-1　1970年10月30日现金付出凭单

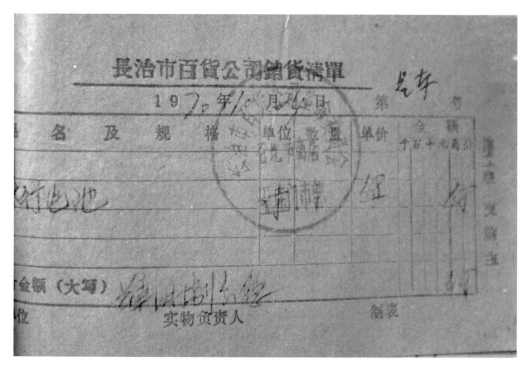

图2-22-2　1970年10月24日销货清单

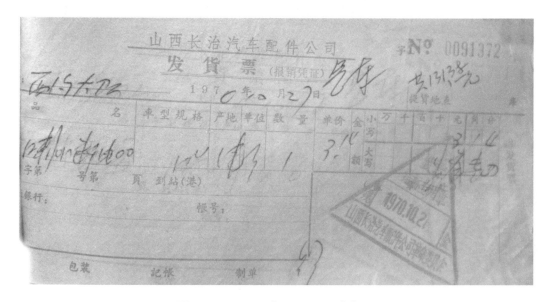

图2-22-3　1970年10月27日发货票

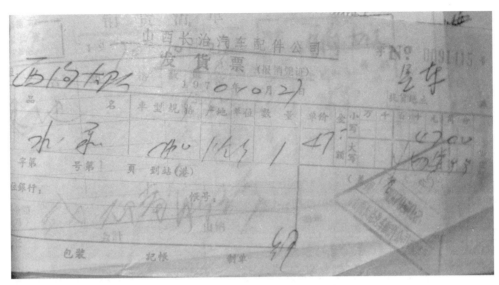

图2-22-4 1970年10月27日发货票

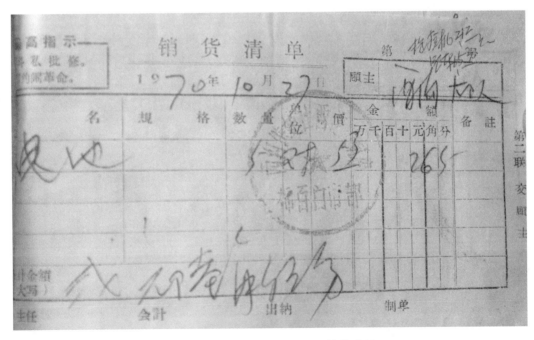

图2-22-5 1970年10月27日销货清单

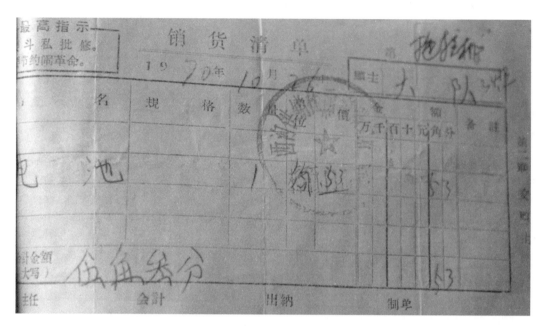

图2-22-6　1970年10月26日销货清单

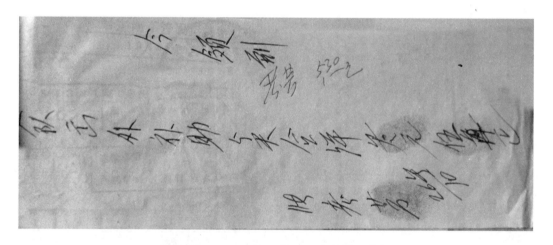

图2-22-7　1970年10月26日出差补助收据

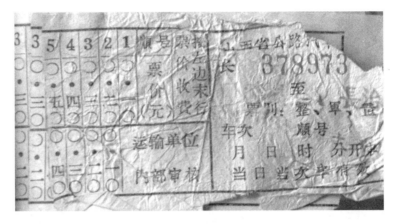

图2-22-8　车票

图2-22-9　1970年10月27日招待所收费收据

图2-22-10　1970年10月28日销货报销单

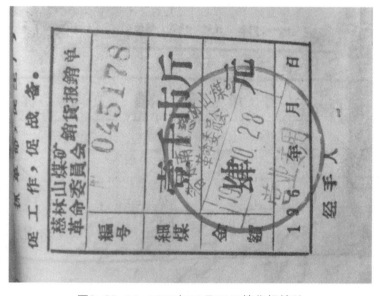

图2-22-11　1970年10月28日销货报销单

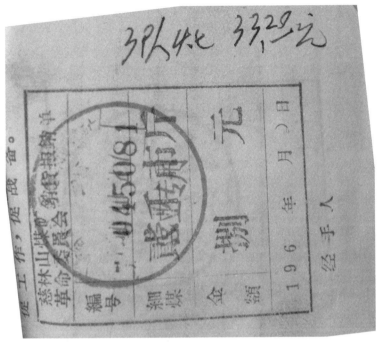

图2-22-12　1970年10月28日销货报销单

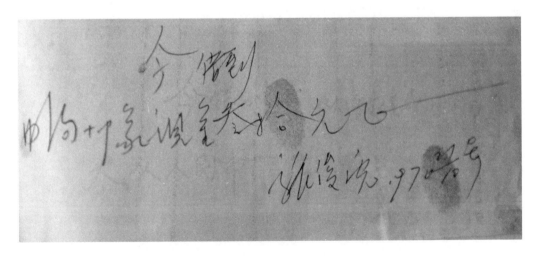

图2-22-13　1970年10月27日借款收据

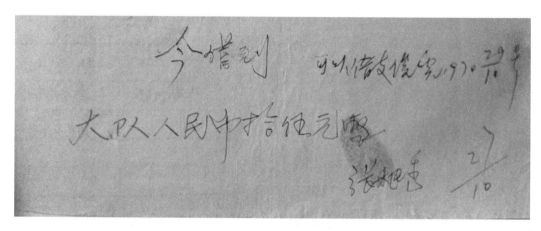

图2-22-14　1970年10月27日借款收据

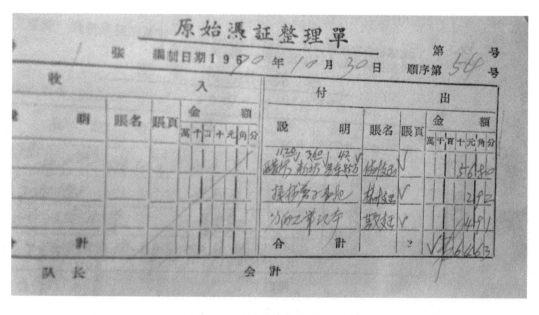

图2-23　1970年10月30日原始凭证整理单第五十四号，附件一张

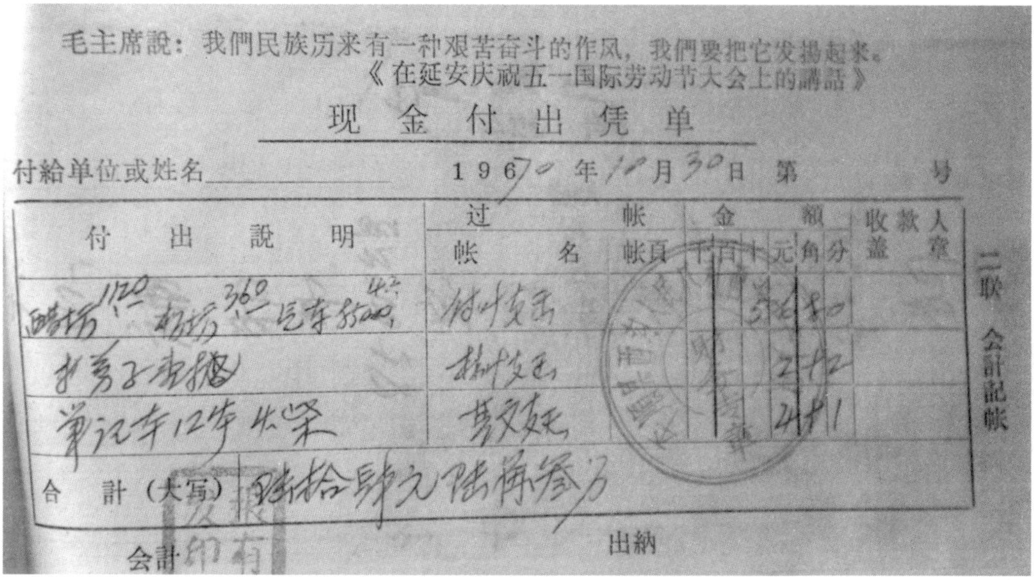

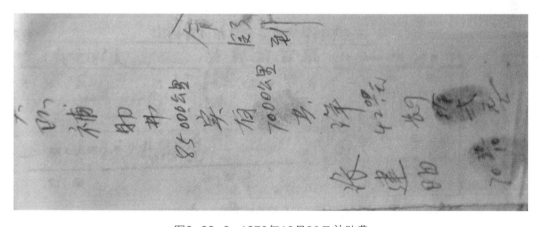

毛主席說：我們民族歷來有一种艰苦奋斗的作風，我們要把它发揚起来。
《在延安庆祝五一国际劳动节大会上的講話》

現　金　付　出　凭　单

付給单位或姓名＿＿＿＿＿　196○年○月30日　第　　　号

付　出　說　明	过　　帐			金　額						收款人盖章
	帐　名	帐頁		千	百	十	元	角	分	
	付村支出									
	杨发支云									
	芙发廷									
合　計（大写）										
会計			出納							

图2-23-1　1970年10月30日现金付出凭单

图2-23-2　1970年10月30日补助费

163

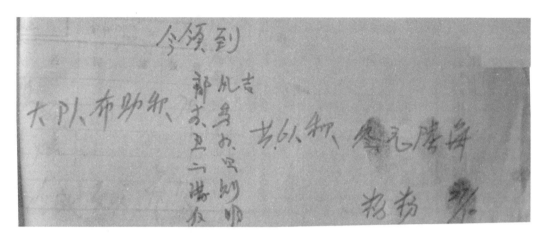

图2-23-3 1970年10月27日补助款

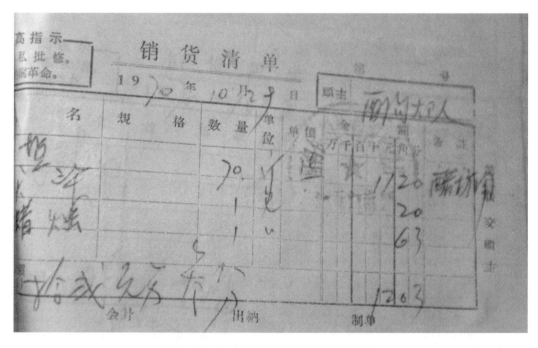

图2-23-4 1970年10月29日销货清单

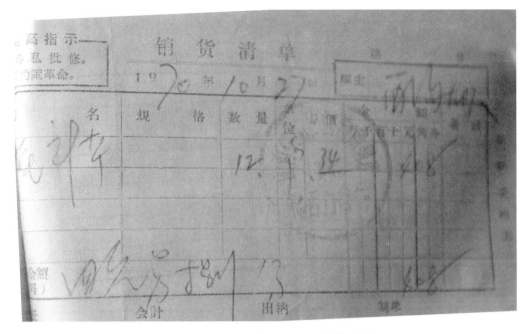

图2-23-5　1970年10月27日销货清单

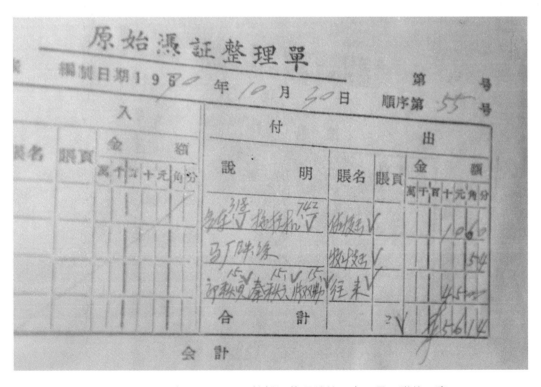

图2-24　1970年10月30日原始凭证整理单第五十五号，附件一张

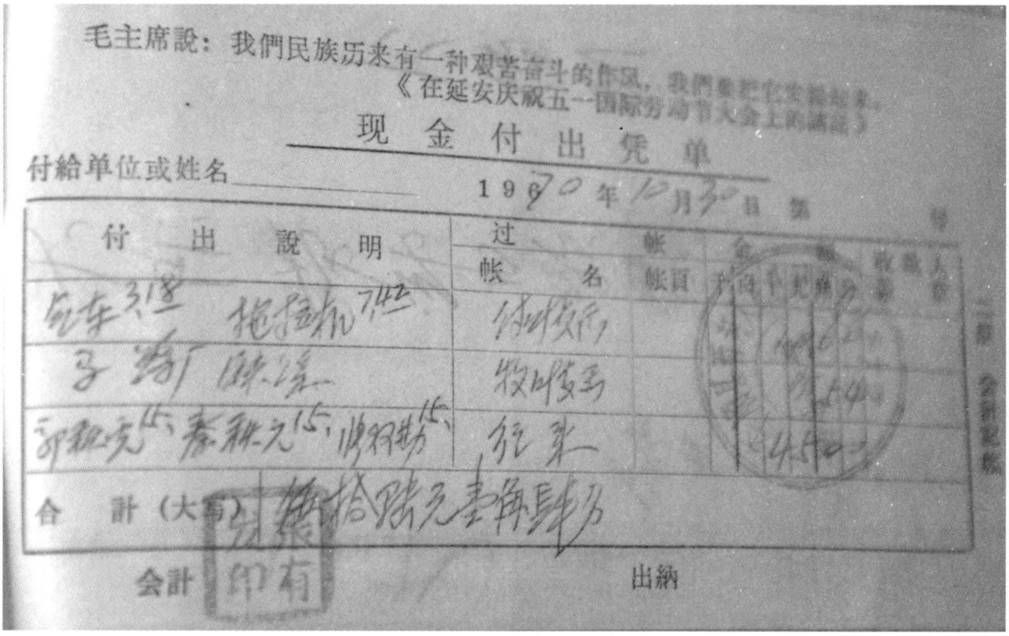

毛主席說：我們民族历来有一种艰苦奋斗的作风，我們要把它发扬起来
《在延安庆祝五一国际劳动节大会上的讲话》

现 金 付 出 凭 单

付給单位或姓名 _____ 19 70 年 10 月 30 日 第　　　号

付 出 說 明	过 帐	金 额	收款人
帐 名	帐頁		

会計　印有　　　　　　　　　　　　出納

图2-24-1　1970年10月30日现金付出凭单

图2-24-2　1970年10月29日借款收据

166

图2-24-3 1970年10月30日借款收据

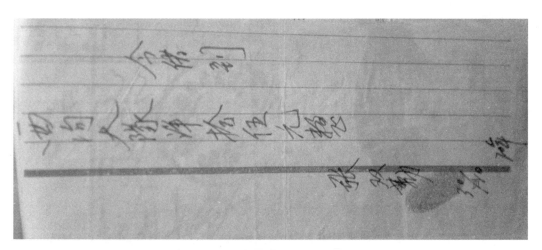

图2-24-4 1970年10月30日借款收据

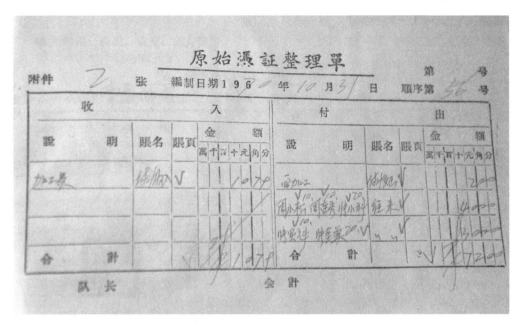

图2-25 1970年10月31日原始凭证整理单第五十六号，附件两张

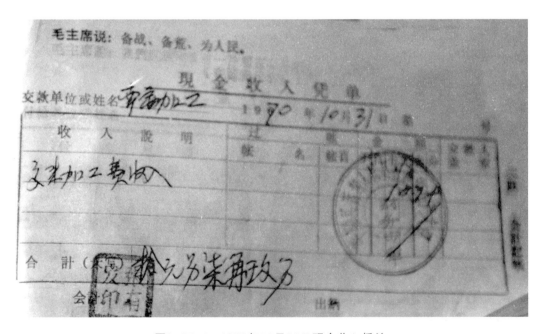

图2-25-1 1970年10月31日现金收入凭单

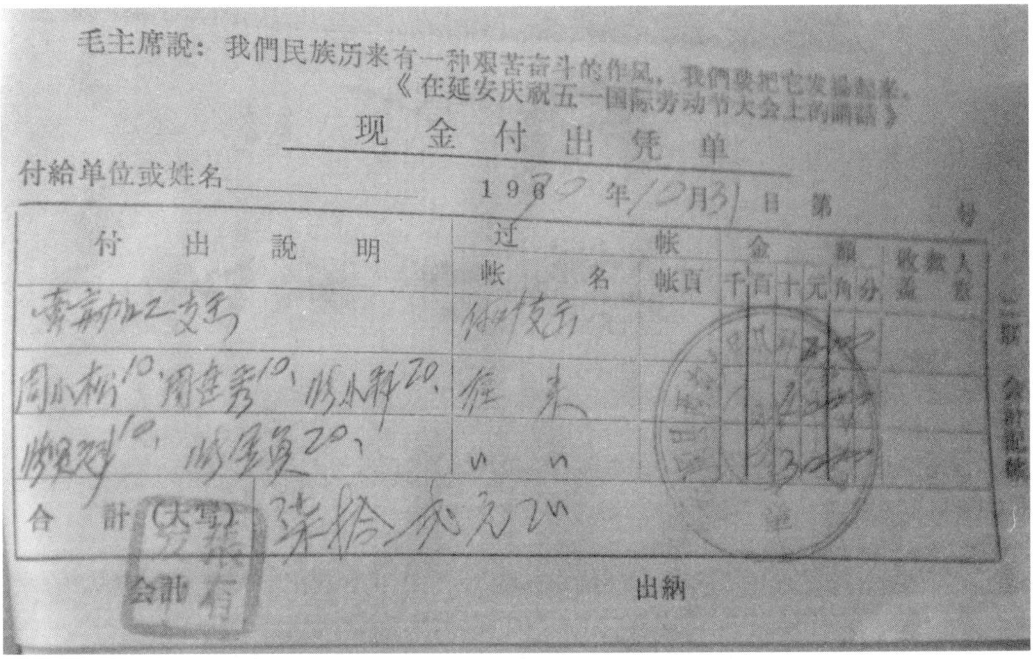

毛主席說：我們民族历来有一种艰苦奋斗的作风，我們要把它发揚起来。
《在延安庆祝五一国际劳动节大会上的講話》

现 金 付 出 凭 单

付給单位或姓名＿＿＿＿＿＿ 19□□ 年 □ 月 31 日 第 号

付 出 說 明	过 帐		金 额						收款人盖章
	帐 名	帐頁	千	百	十	元	角	分	
合 計（大写）									

会計　　　　　　　　　　　　　　　　出納

图2-25-2　1970年10月31日现金付出凭单

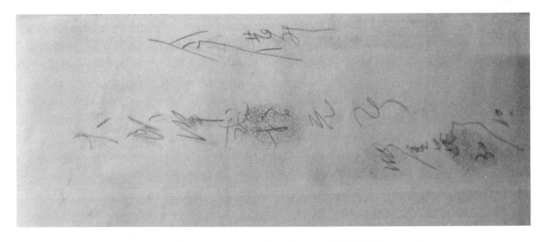

图2-25-3　1970年10月30日借款收据

图2-25-4　1970年10月30日借款收据

图2-25-5　1970年10月30日借款收据

图2-25-6　1970年10月30日借款收据

图2-25-7　1970年10月30日借款收据

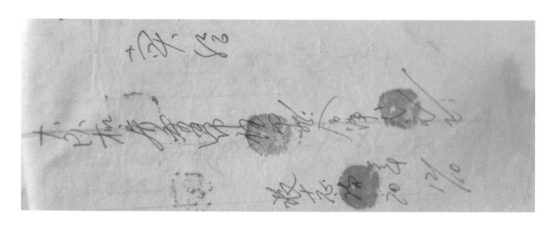

图2-25-8　1970年10月12日大队购买笤帚的收据

三、会计凭证1970年12月1日至1970年12月16日（第一号至第三十八号）

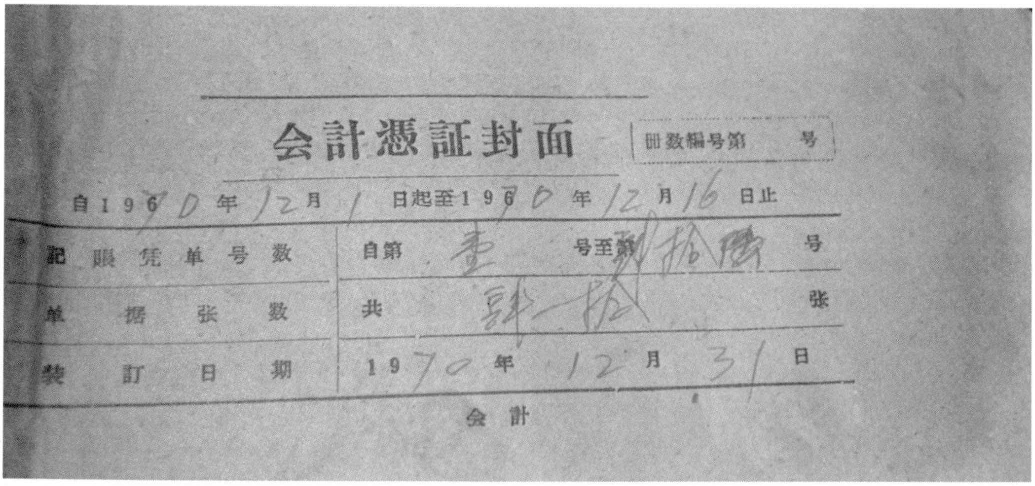

会计憑证封面		册数编号第　号	
自196 0 年 12 月 1 日起至196 0 年 12 月 16 日止			
記眼凭单号数	自第 壹 号至第 叁拾捌 号		
单据张数	共 叁拾捌 张		
裝訂日期	1970 年 12 月 31 日		
会計			

图3　会计凭证封面1970年12月1日至1970年12月16日

172

原始憑証整理單

附件 2 张　編制日期 1970 年 12 月 1 日　第　号　順序第 1 号

收			入	付			出
說明	賬名	賬頁	金額（萬千百十元角分）	說明	賬名	賬頁	金額（萬千百十元角分）
合計				合計			

队长　会計

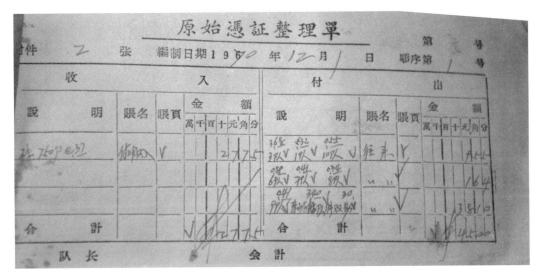

图3-1　1970年12月1日原始凭证整理单第一号，附件两张

毛主席說：我們民族历来有一种艰苦奋斗的作风，我們要把它发揚起来。
《在延安庆祝五一国际劳动节大会上的講話》

现金付出凭单

付給单位或姓名　1970 年 12 月 1 日　第　号

付出說明	过帐		金额（千百十元角分）	收款人蓋章
	帐名	帐頁		
	往来			
	〃 〃			
	〃 〃			
合計（大写）				

二联　会計記帐

会計　出納

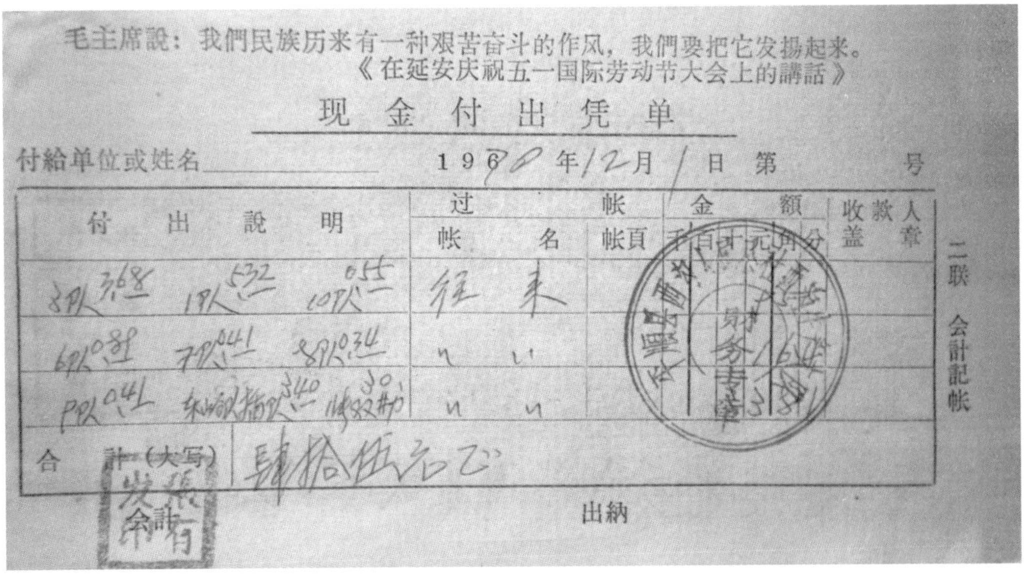

图3-1-1　1970年12月1日现金付出凭单

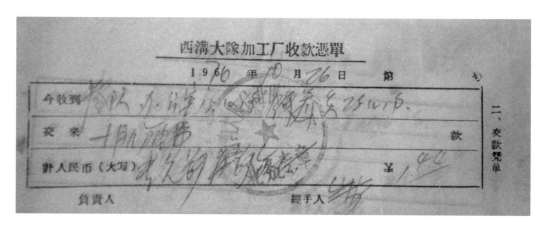

图3-1-2　1970年10月26日收款凭单

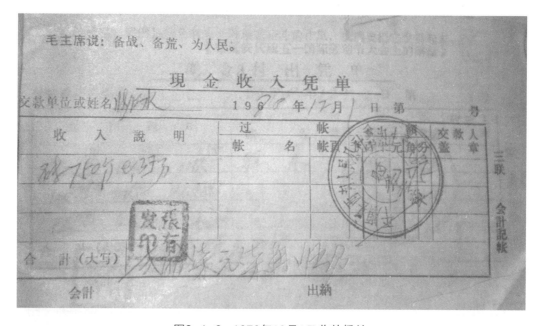

图3-1-3　1970年12月1日收款凭单

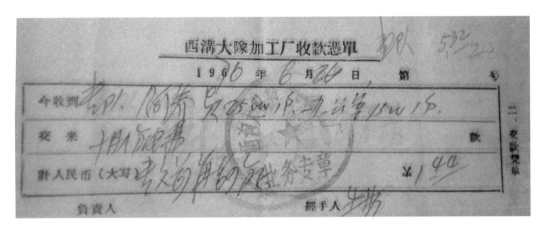

图3-1-4　1970年6月24日收款凭单

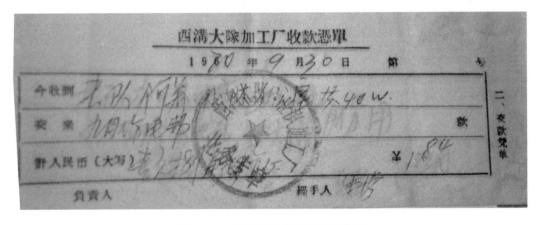

图3-1-5　1970年9月30日收款凭单

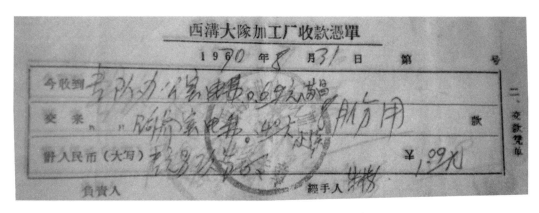

图3-1-6　1970年8月31日收款凭单

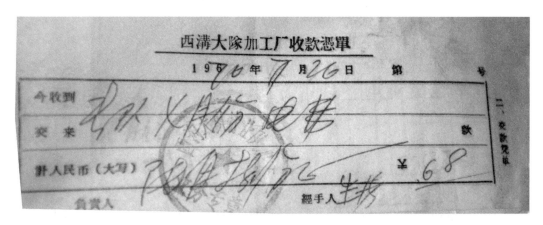

图3-1-7　1970年7月26日收款凭单

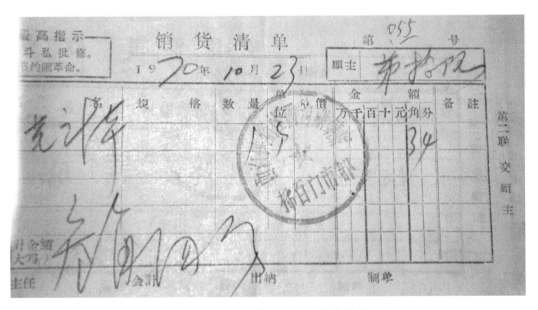

图3-1-8　1970年6月30日收款凭单

图3-1-9　1970年10月23日销货清单

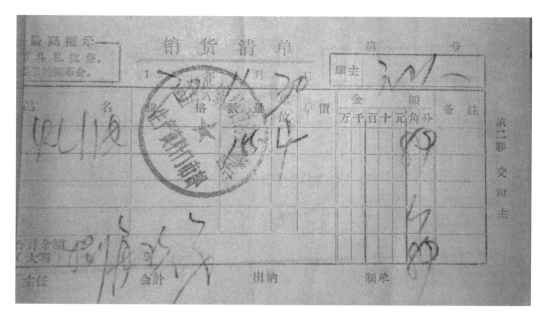

图3-1-10　1970年11月30日销货清单

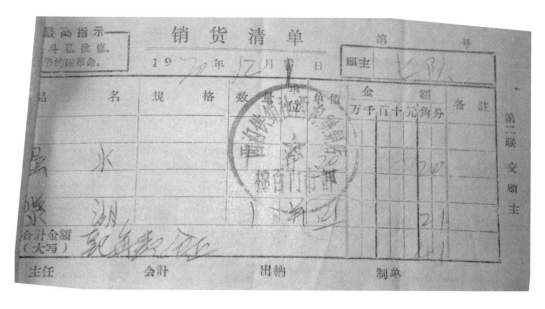

图3-1-11　1970年12月1日销货清单

图3-1-12　1970年10月30日笔记本款收据

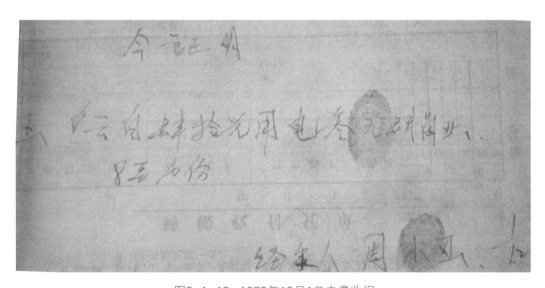

图3-1-13　1970年12月1日电费收据

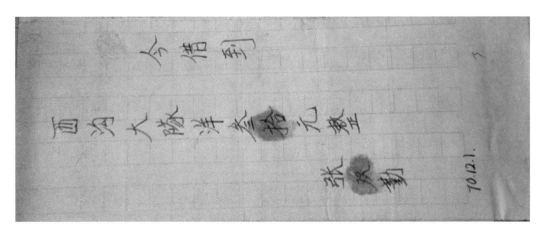

图3-1-14　1970年12月1日借款收据

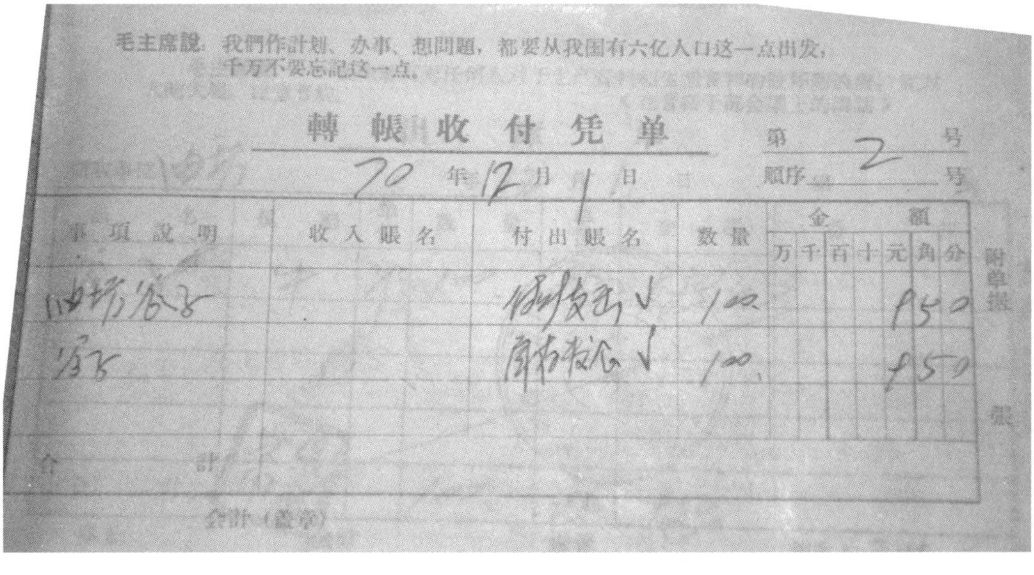

图3-2　1970年12月1日转账收付凭证第二号

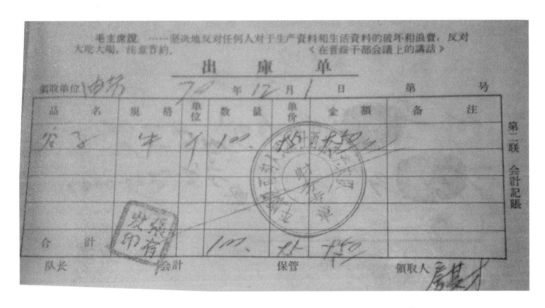

图3-2-1　1970年12月1日出库单

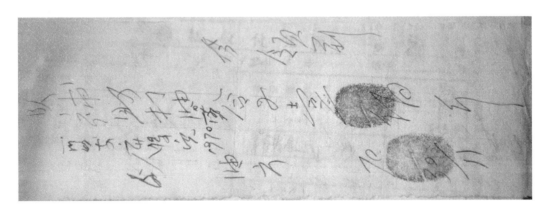

图3-2-2　1970年11月30日补助款收据

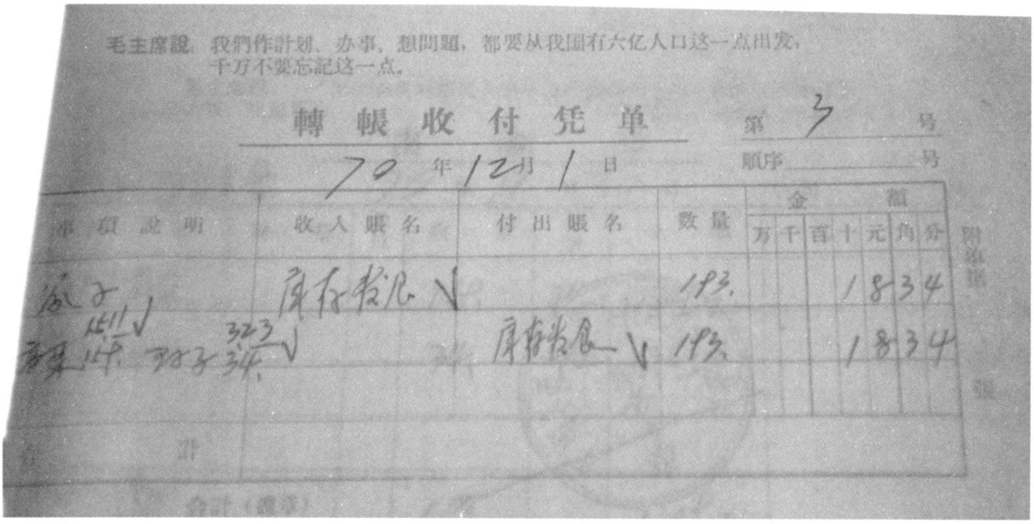

轉 賬 收 付 凭 单　　第 3 号

70 年 12 月 1 日　　順序＿＿＿＿号

事項說明	收入賬名	付出賬名	数量	金　額 万千百十元角分	附
頁2 ✓	庫存粮食 ✓		193.	1834	
張牛 323/3/4 ✓		庫存粮食 ✓	193.	1834	
意　計					
合計(雅算)					

图3-3　1970年12月1日转账收付凭证第三号

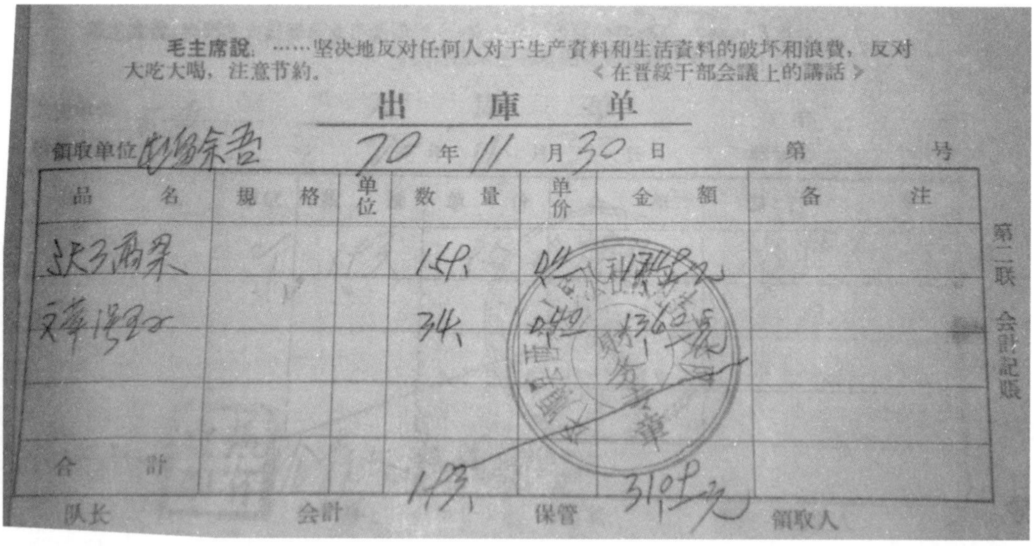

出 庫 单

領取单位 彭场宗吾	70 年 11 月 30 日			第　　号			
品　名	規　格	单位	数量	单价	金　額	备　注	第二联　会計記賬
洗3两菜			14斤	0分 利748分			
文草洋菜			34斤	0分 136斤			
合　計			193.	3108分			
队长	会計		保管		領取人		

图3-3-1　1970年11月30日出库单

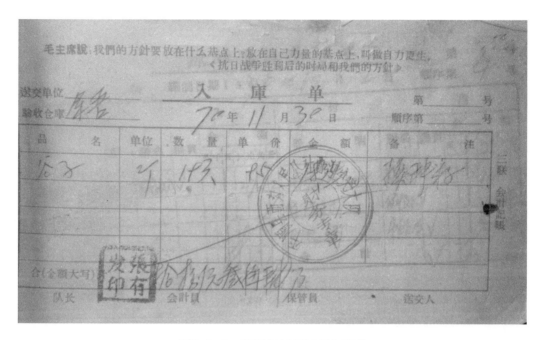

图3-3-2　1970年11月30日入库单

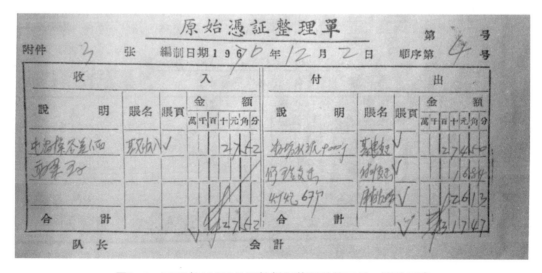

图3-4　1970年12月2日原始凭证整理单第四号，附件三张

毛主席说：备战、备荒、为人民。

现 金 收 入 凭 单

交款单位或姓名 ______ 1970 年 11 月 30 日 第 号

收入說明	过帐 帐名	帐頁	金額 千百十元角分	交款人蓋章

三联 会計記帐

出納

会計

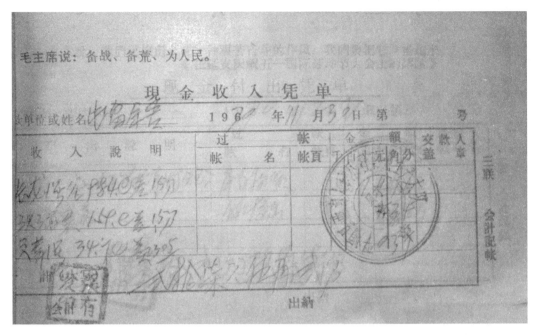

图3-4-1 1970年11月30日现金收入凭单

毛主席說：我們民族历来有一种艰苦奋斗的作风，我們要把它发揚起来。

《在延安庆祝五一国际劳动节大会上的講話》

现 金 付 出 凭 单

付給单位或姓名 ______ 1970 年 12 月 2 日 第 号

付出說明	过帐 帐名	帐頁	金額 千百十元角分	收款人蓋章

合 計（大写）

二联 会計記帐

会計 出納

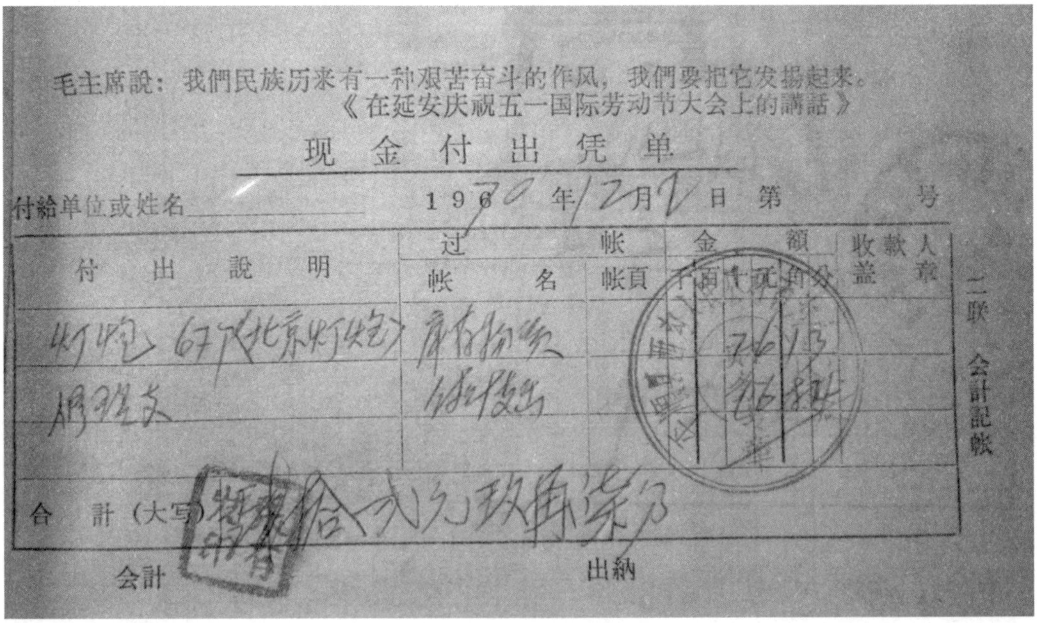

图3-4-2 1970年12月2日现金付出凭单

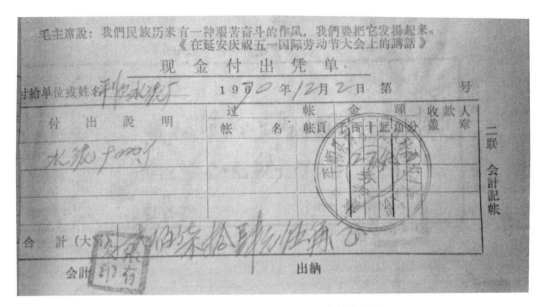

图3-4-3　1970年12月2日现金付出凭单

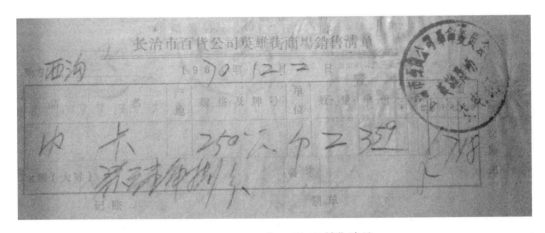

图3-4-4　1970年12月2日销售清单

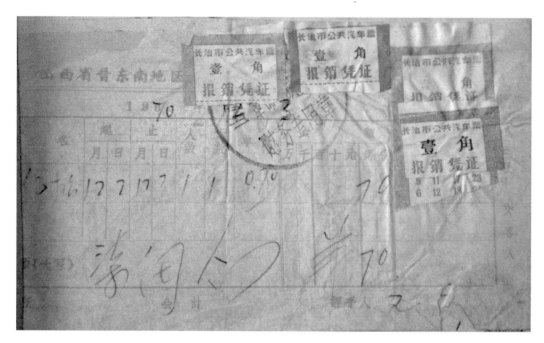

图3-4-5　1970年12月3日报销凭证

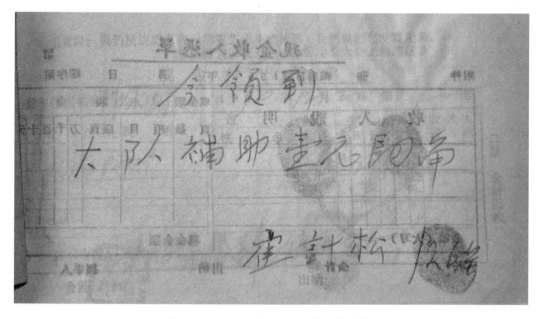

图3-4-6　1970年12月6日补助款收据

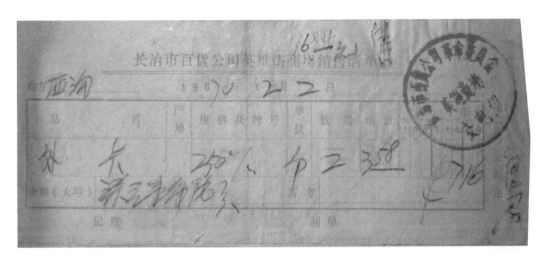

图3-4-7　1970年12月2日销售清单

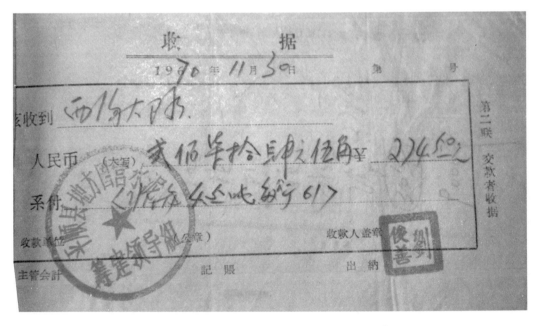

图3-4-8　1970年11月30日购买水泥收据

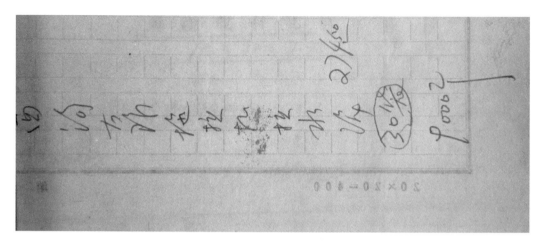

图3-4-9 基建支出收据

图3-5 1970年12月2日转账收付凭单第五号

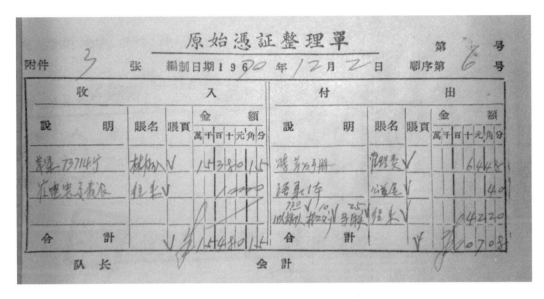

图3-6　1970年12月2日原始凭证整理单第六号，附件三张

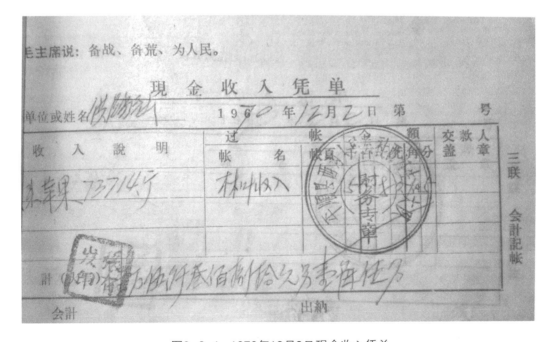

图3-6-1　1970年12月2日现金收入凭单

189

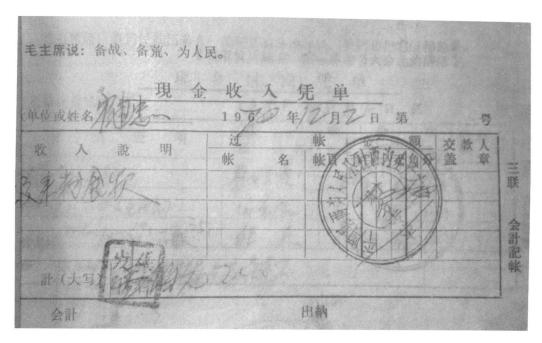

毛主席说：备战、备荒、为人民。

现 金 收 入 凭 单

收款单位或姓名 邓海忠 1970 年 12 月 2 日 第 号

收 入 说 明	过 帐		金 额	交款人盖章
	帐 名	帐页		
交车粮食收				

计（大写）

会计　　　　　　　　　　出纳

三联　会计记帐

图3-6-2　1970年12月2日现金收入凭单

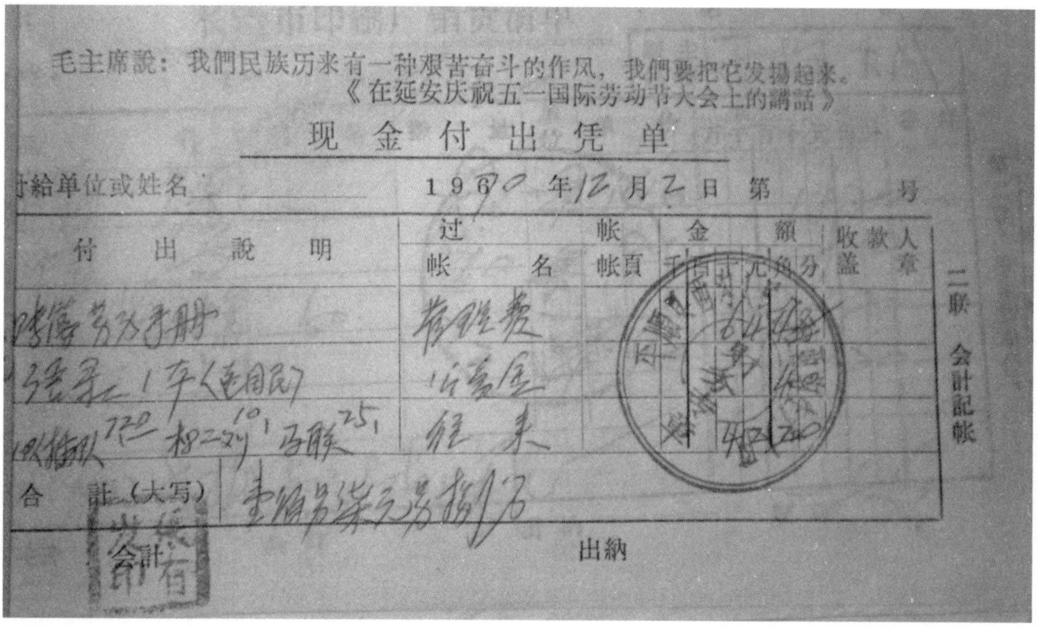

毛主席說：我們民族历来有一种艰苦奋斗的作风，我們要把它发扬起来。
《在延安庆祝五一国际劳动节大会上的講話》

现 金 付 出 凭 单

付給单位或姓名 1970 年 12 月 2 日 第 号

| 付 出 說 明 | 过 帐 | | 金 額 | 收款人盖章 |
| | 帐 名 | 帐頁 | | |

合 計（大写）

出納

二聯　会計記帐

图3-6-3　1970年12月2日现金付出凭单

190

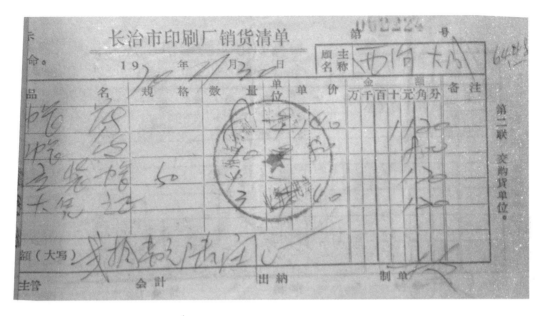

图3-6-4　1970年11月30日销货清单

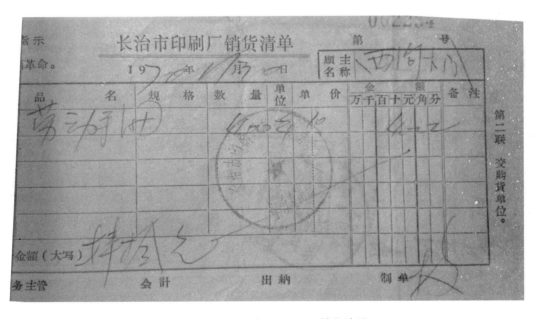

图3-6-5　1970年11月30日销货清单

图3-6-6　1970年11月30日差旅补助收据

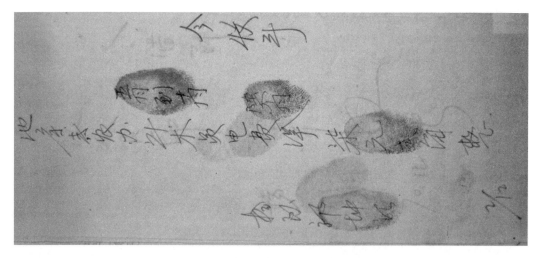

图3-6-7　1970年12月2日电费收据

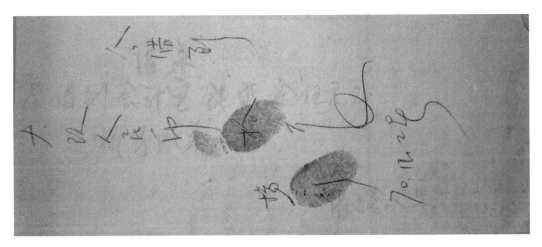

图3-6-8　1970年12月2日借款收据

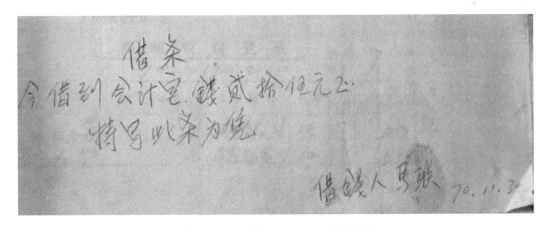

图3-6-9　1970年11月30日借款收据

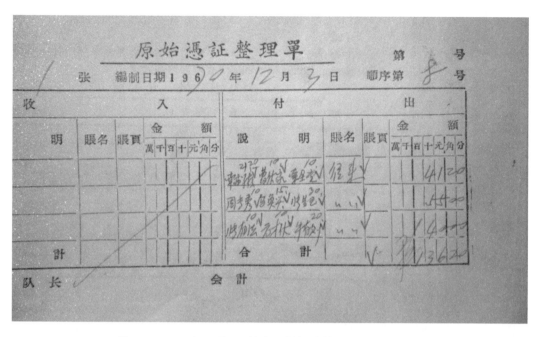

图3-7　1970年12月3日转账支付凭单第八号，附件一张

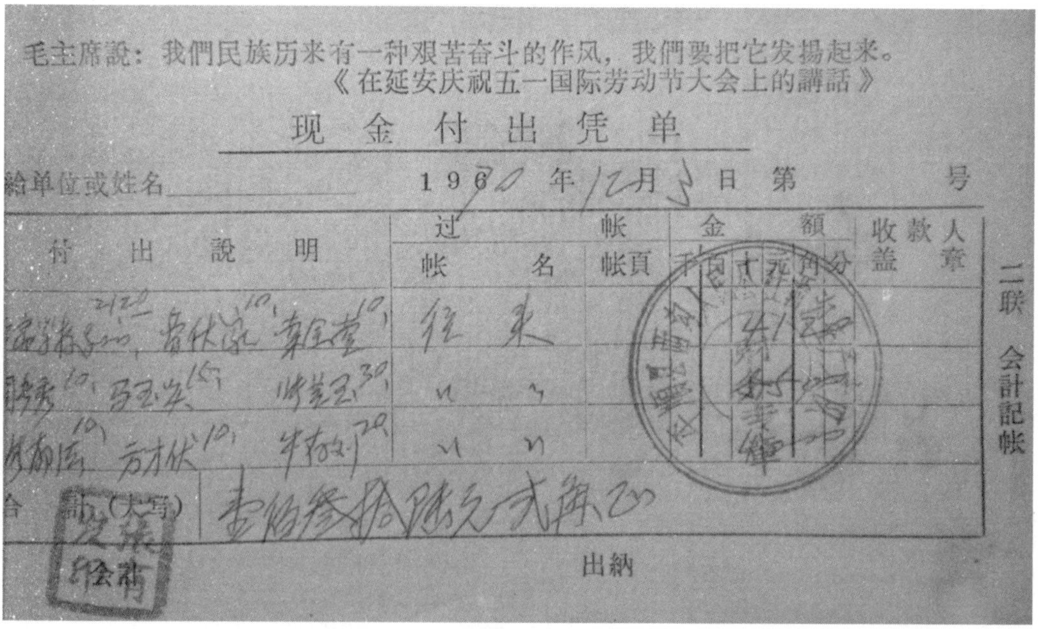

图3-7-1　1970年12月3日现金付出凭单

图3-7-2　1970年12月3日借款收据

图3-7-3　1970年12月3日借款收据

图3-7-4　1970年12月3日借款收据

图3-7-5　1970年12月3日借款收据

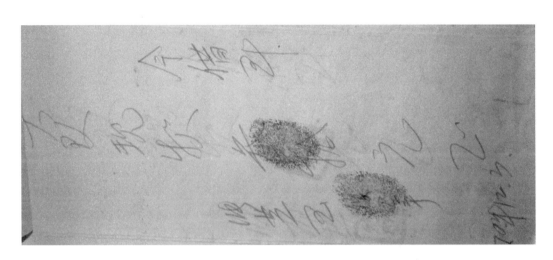

图3-7-6　1970年12月3日借款收据

图3-7-7　1970年12月2日借款收据

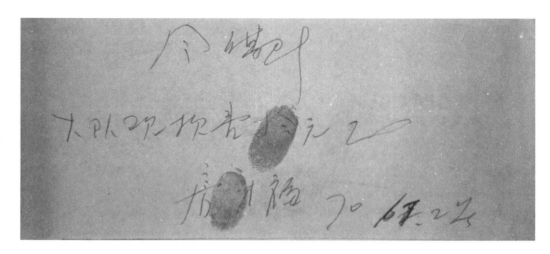

图3-7-8　1970年12月2日借款收据

图3-7-9　1970年12月2日借款收据

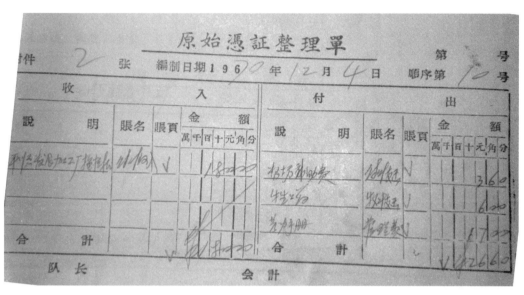

图3-8　1970年12月4日原始凭证整理单第十号，附件两张

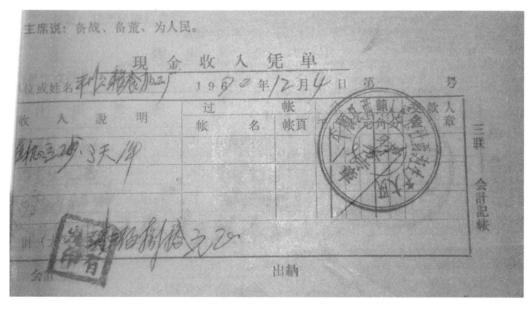

图3-8-1　1970年12月4日现金收入凭单

199

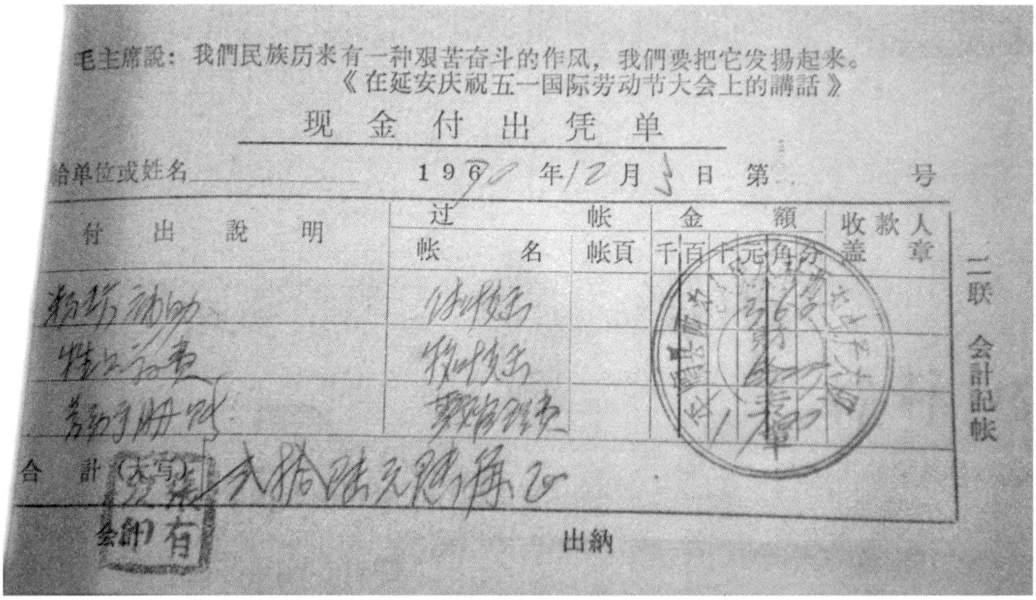

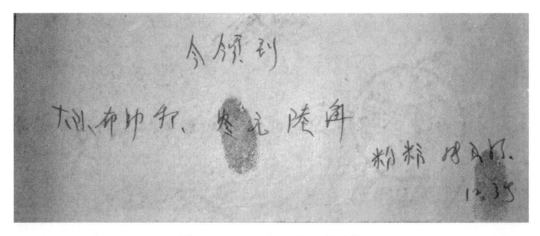

毛主席說：我們民族历来有一种艰苦奋斗的作风，我們要把它发扬起来。

《在延安庆祝五一国际劳动节大会上的講話》

现金付出凭单

給单位或姓名________ 1970年12月3日 第 号

付出說明	过帐 帐名	帐頁	金額 千百十元角分	收款人盖章

合計（大写）

会計 出納

二联 会計記帐

图3-8-2 1970年12月3日现金付出凭单

今領到

图3-8-3 1970年12月3日补助款

图3-8-4　1970年11月27日药费收据

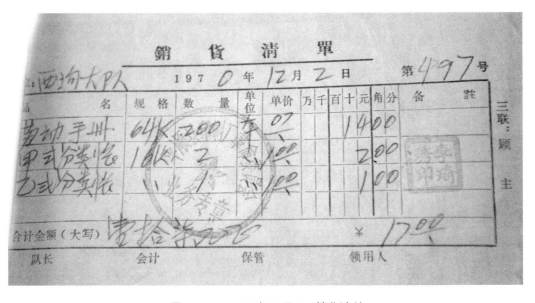

图3-8-5　1970年12月2日销货清单

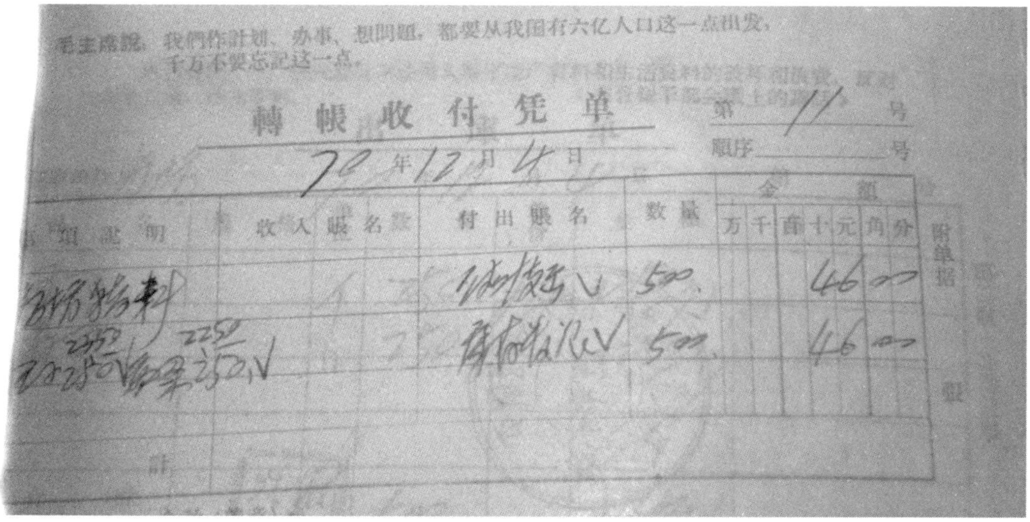

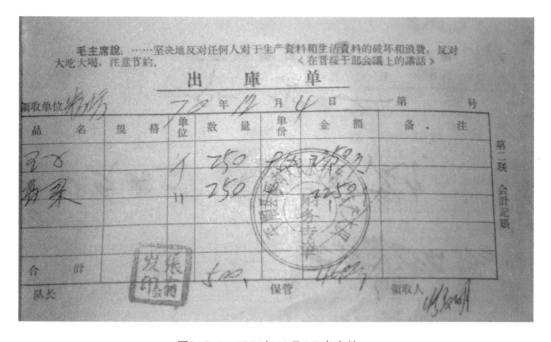

图3-9 1970年12月4日转账收付凭单第十一号

图3-9-1 1970年12月4日出库单

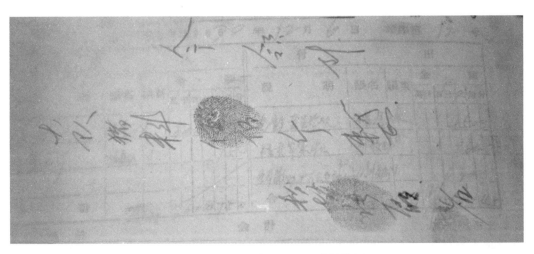

图3-9-2　1970年12月4日猪料收据

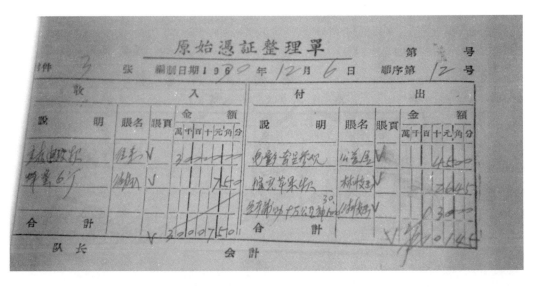

图3-10　1970年12月6日原始凭证整理单第十二号，附件三张

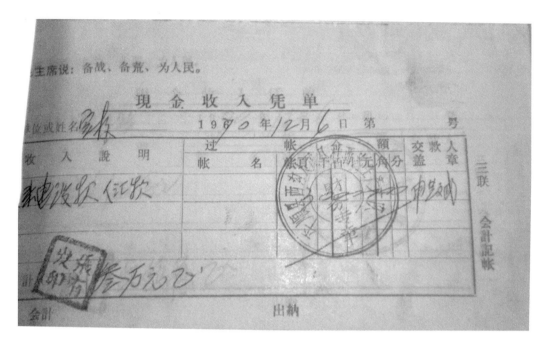

图3-10-1　1970年12月6日现金收入凭单

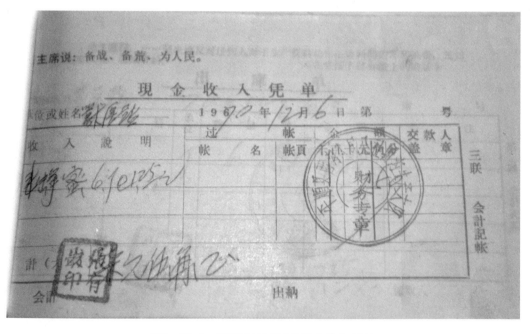

图3-10-2　1970年12月6日现金收入凭单

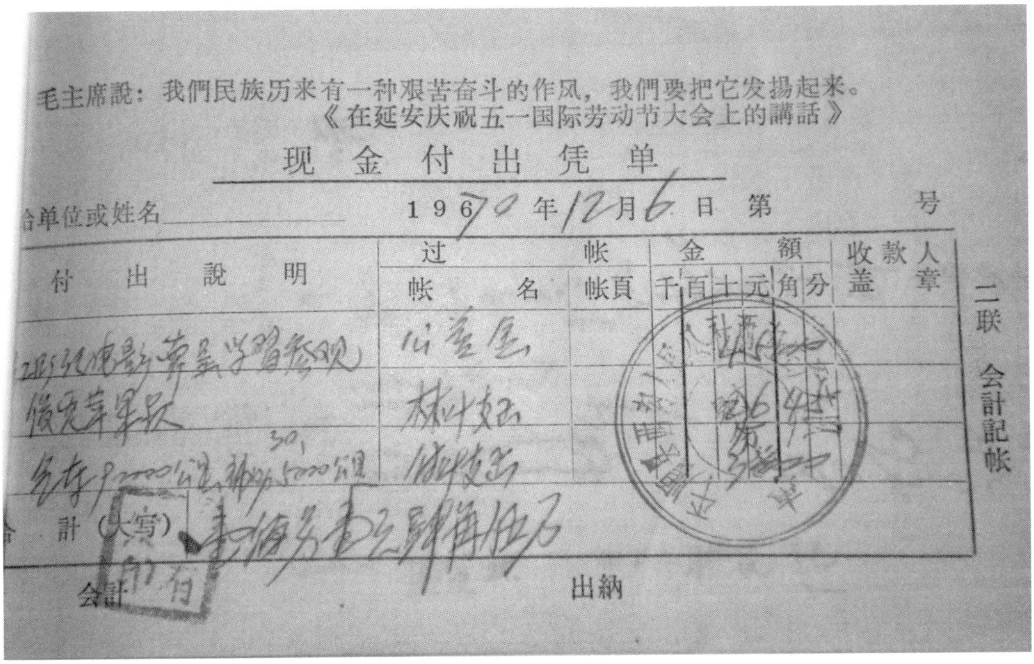

毛主席說：我們民族历来有一种艰苦奋斗的作风，我們要把它发揚起来。
《在延安庆祝五一国际劳动节大会上的講話》

现金付出凭单

给单位或姓名　　1970年12月6日　第　号

付出説明	过帐		金额						收款人盖章
	帐名	帐頁	千	百	十	元	角	分	
合計（大寫）									

会計　　出納

二联　会計記帐

图3-10-3　1970年12月6日现金付出凭单

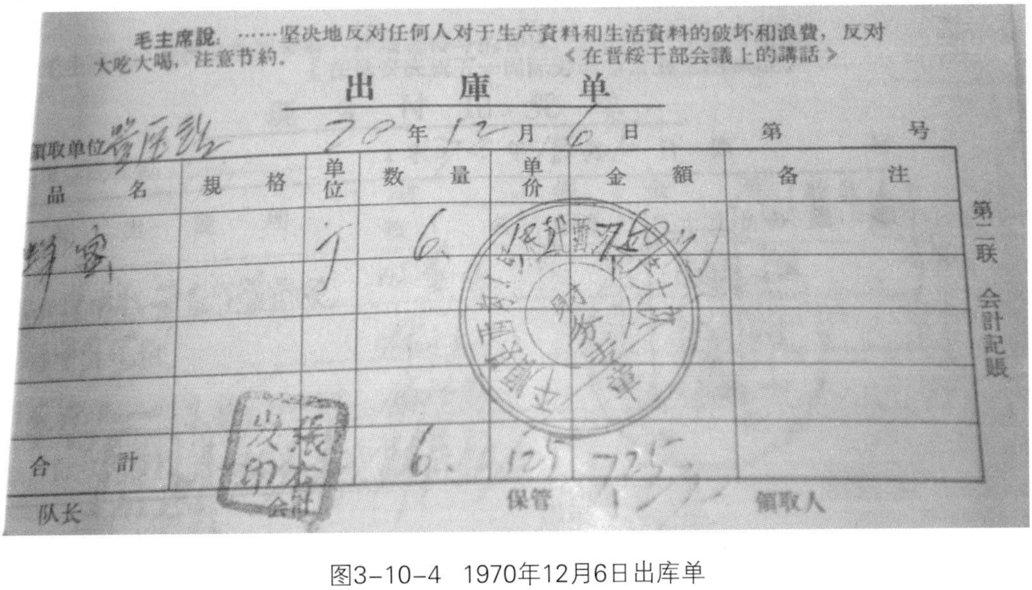

毛主席說：……坚决地反对任何人对于生产資料和生活資料的破坏和浪費，反对大吃大喝，注意节約。
《在晋綏干部会議上的講話》

出庫单

领取单位　　70年12月6日　第　号

品名	規格	单位	数量	单价	金額	备注
			6.			
合計			6.			

队长　会計　保管　領取人

第二联　会計記賬

图3-10-4　1970年12月6日出库单

图3-10-5 证明

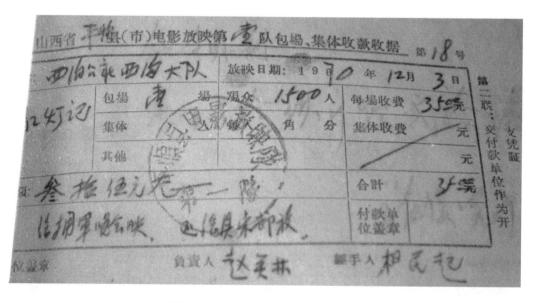

图3-10-6 1970年12月6日收款收据

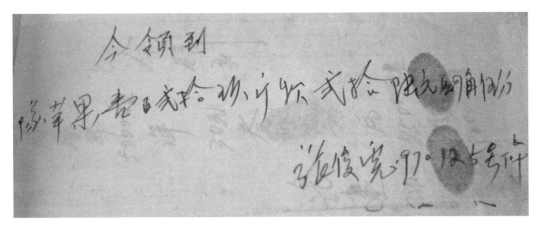

图3-10-7 1970年12月5日水果款收据

图3-10-8 1970年12月5日补助款收据

原始憑証整理單　第　号

1 张　編制日期1970年12月6日　順序第13号

入			付			出
明	賬名	賬頁	金額（萬千百十元角分）	說明	賬名	賬頁	金額（萬千百十元角分）

說明	賬名	賬頁	金額
15 55 10	往来	✓	
5 10 10	〃 〃	✓	2500
058 075 6队	〃 〃	✓	133
合計			10633

会計

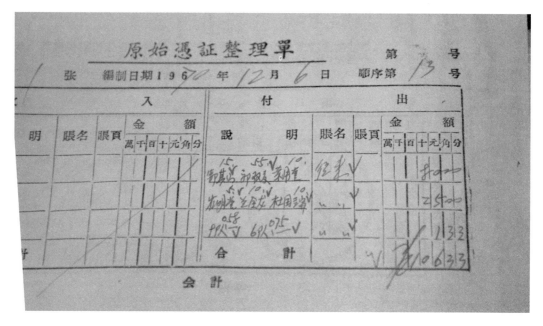

图3-11　1970年12月6日原始凭证整理单第十三号，附件一张

毛主席說：我們民族历来有一种艰苦奋斗的作风，我們要把它发扬起来。
《在延安庆祝五一国际劳动节大会上的講話》

现金付出凭单

給单位或姓名　　　　1970年12月6日　第　　号

付出說明	过帐 帐名	帐頁	金額（千百十元角分）	收款人盖章
15 55 10	往来			
5 10 10	〃 〃			
058 6队 075	〃 〃			
合計（大写）				

二联　会計記帐

会計　　　出納

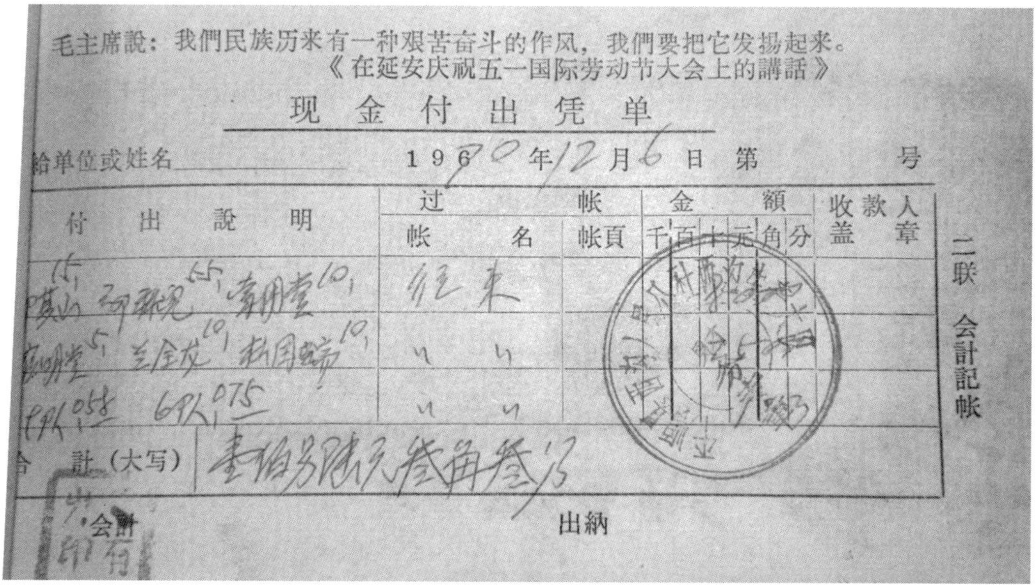

图3-11-1　1970年12月6日现金付出凭单

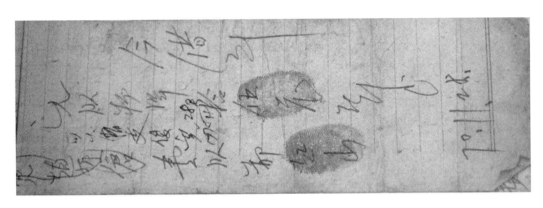

图3-11-2 1970年11月28日借款收据

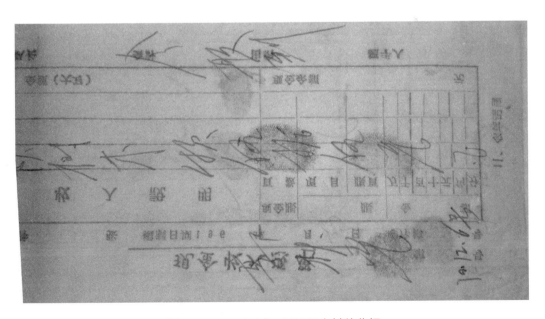

图3-11-3 1970年12月6日木材款收据

图3-11-4　1970年12月6日借款收据

图3-11-5　1970年11月6日借款收据

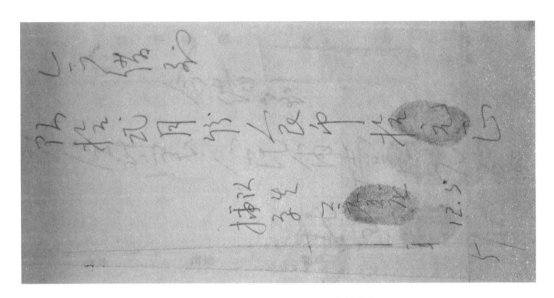

图3-11-6　1970年12月5日借款收据

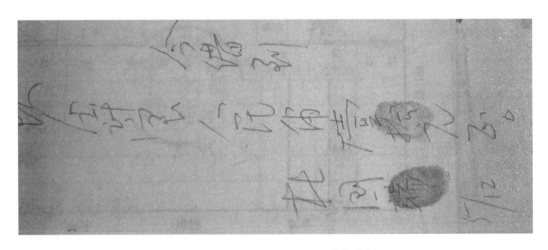

图3-11-7　1970年12月5日借款收据

211

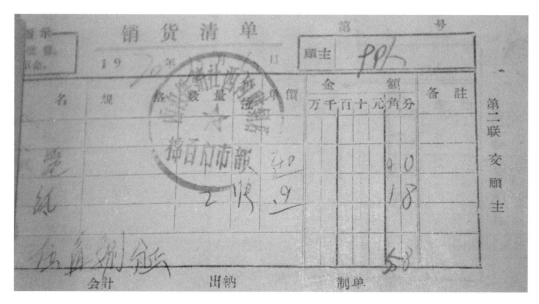

图3-11-8　1970年12月5日销货清单

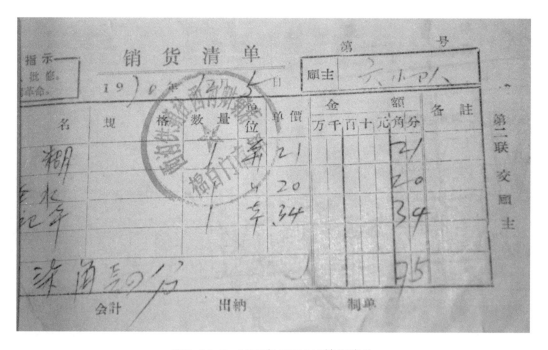

图3-11-9　1970年12月5日销货清单

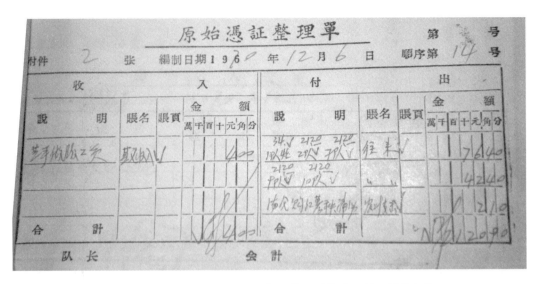

图3-12　1970年12月6日原始凭证整理单第十四号，附件两张

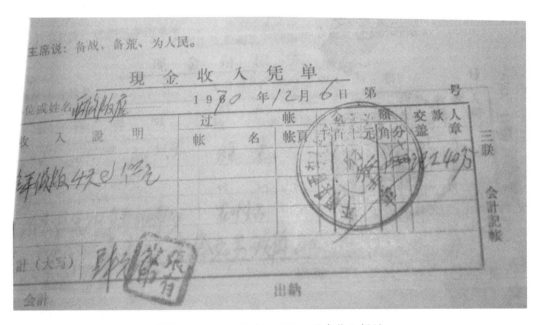

图3-12-1　1970年12月6日现金收入凭单

213

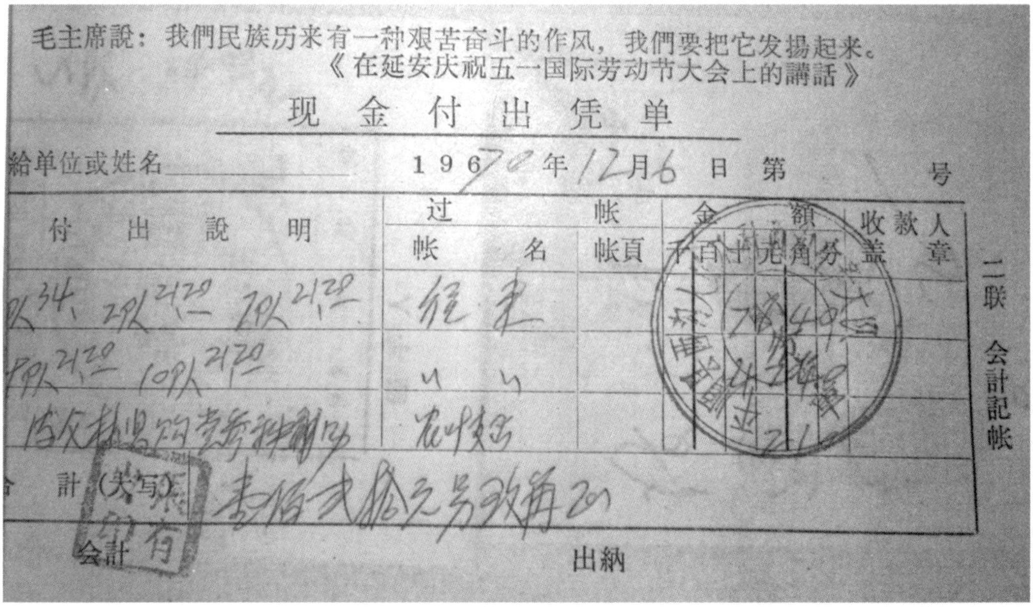

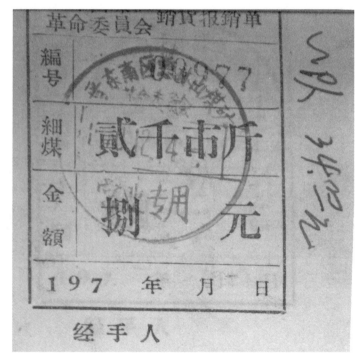

毛主席說：我們民族历来有一种艰苦奋斗的作风，我們要把它发揚起来。
《在延安庆祝五一国际劳动节大会上的講話》

现金付出凭单

給单位或姓名________ 1970年12月6日 第 号

付出說明	过帐		金額	收款人盖章
	帐名	帐頁	千百十元角分	

合計（大写）

会計 出納

二联 会計記帐

图3-12-2 1970年12月6日现金付出凭单

革命委員会 銷貨报銷单

編号	0977
細煤	貳千市斤
金額	捌元

197 年 月 日

经手人

图3-12-3 1970年12月4日销货报销单

图3-12-4　1970年12月6日装车费

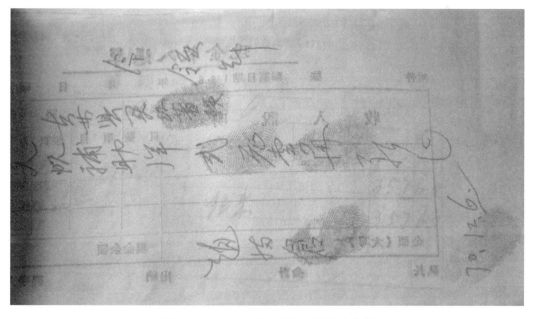

图3-12-5　1970年12月6日补助费收据

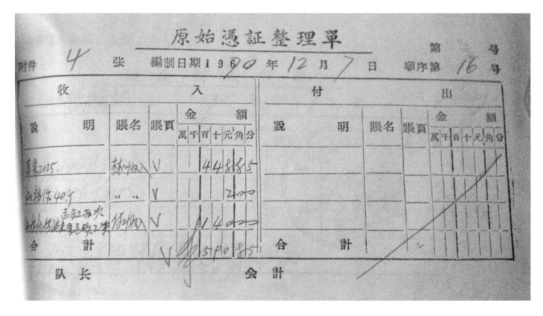

图3-13　1970年12月7日原始凭证整理单第十六号，附件四张

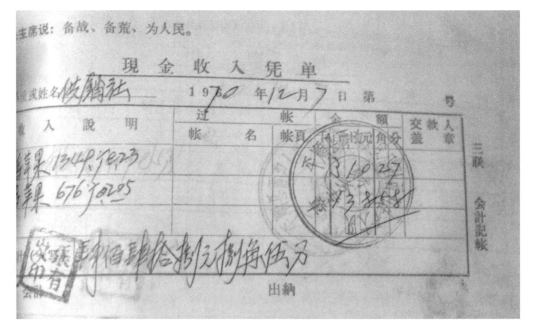

图3-13-1　1970年12月7日现金收入凭单

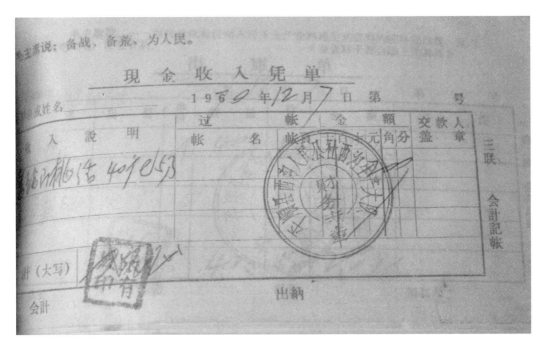

图3-13-2　1970年12月7日现金收入凭单

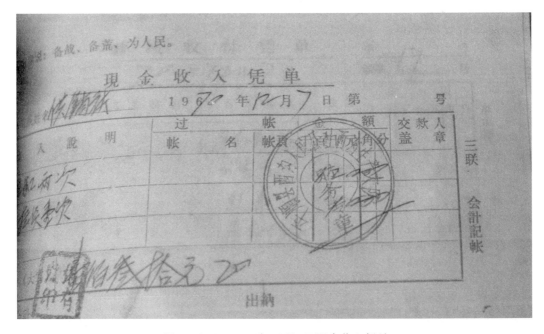

图3-13-3　1970年12月7日现金收入凭单

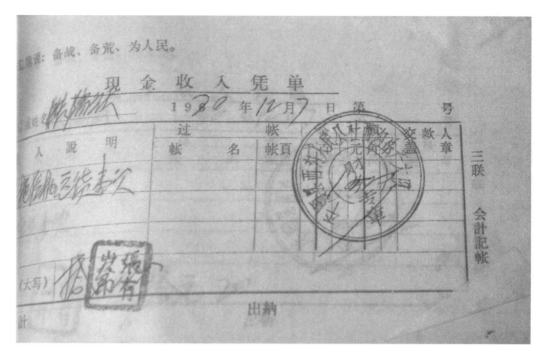

图3-13-4 1970年12月7日现金收入凭单

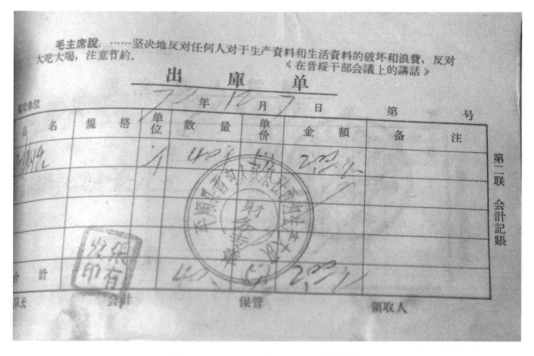

图3-13-5 1970年12月7日出库单

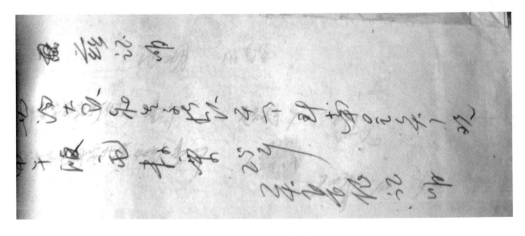

图3-14　1970年12月7日转账支付凭单第十七号

图3-14-1　证明

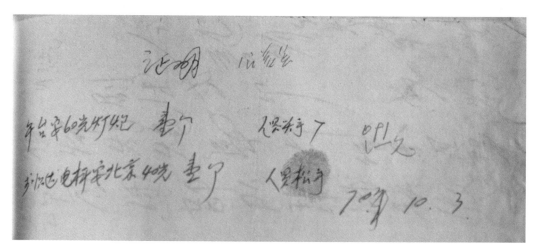

图3-14-2　1970年10月3日证明

图3-14-3　1970年10月16日证明

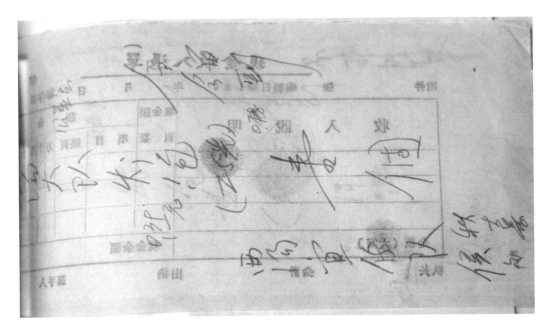

图3-14-4 领取灯泡证明

图3-14-5 1970年11月28日 领取灯泡证明

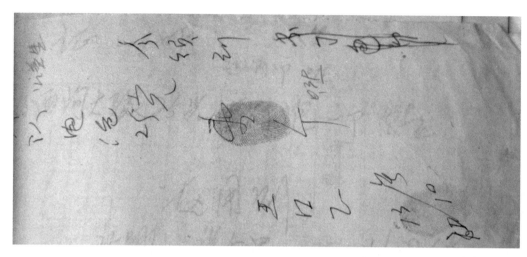

图3-14-6　1970年10月13日　领取灯泡证明

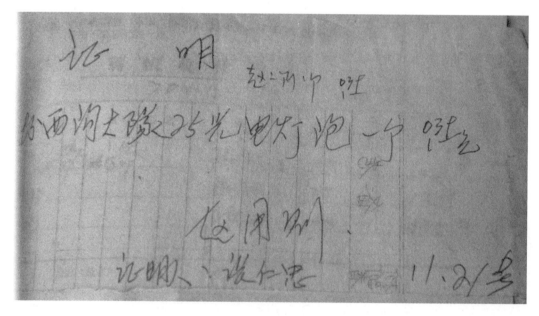

图3-14-7　1970年11月21日　领取灯泡证明

毛主席說：我們作計划、办事、想問題，都要从我国有六亿人口这一点出发，千万不要忘記这一点。

轉帳收付凭单　第 18 号

70年12月7日　顺序 18 号

摘要說明	收入賬名	付出賬名	数量	金额 万	千	百	十	元	角	分
								3	0	1
								1	3	4
								4	3	5
計										

会計（盖章）

附单据　张

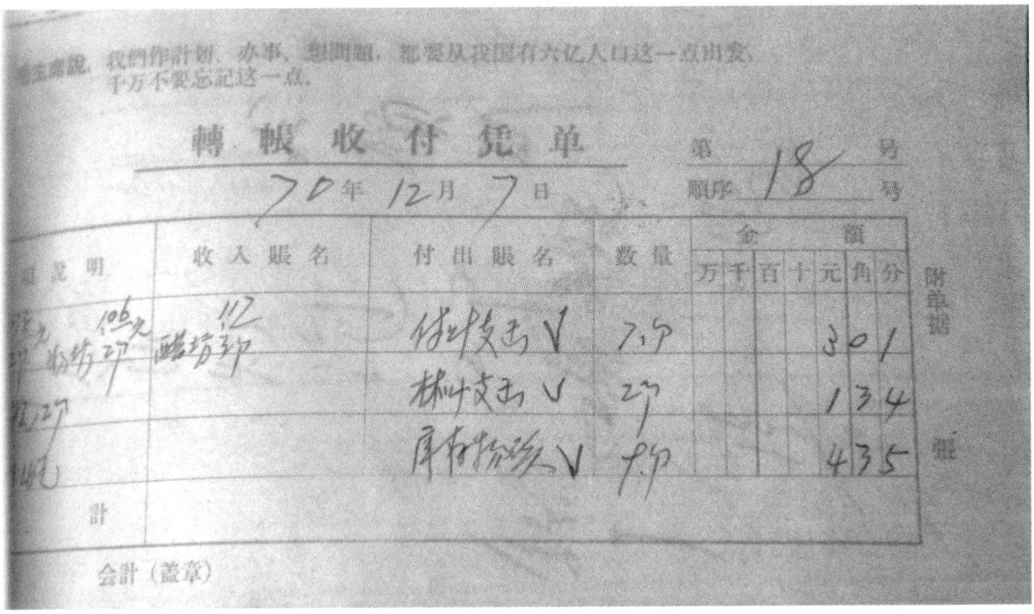

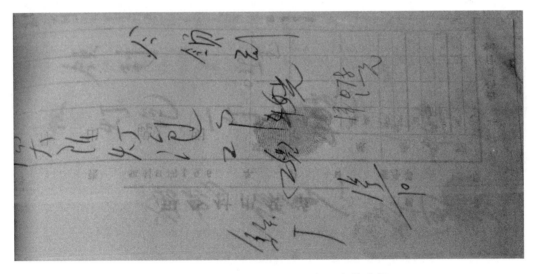

图3-15　1970年12月7日转账支付凭单第十八号

图3-15-1　1970年10月1日　领取灯泡收据

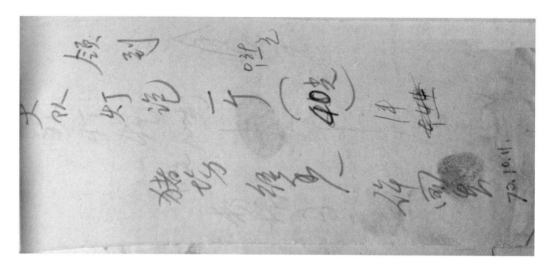

图3-15-2 1970年10月11日 猪场领取灯泡收据

图3-15-3 1970年12月4日 粉厂领取灯泡收据

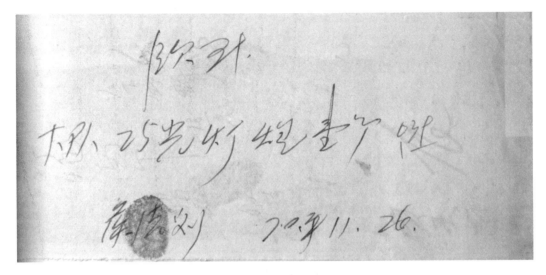

图3-15-4　1970年11月26日　领取灯泡收据

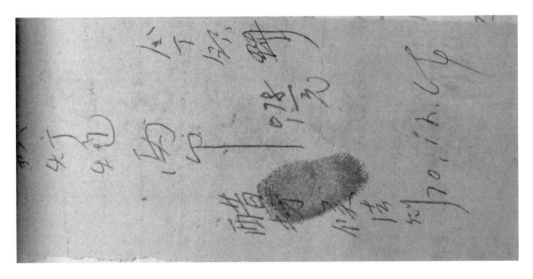

图3-15-5　1970年12月1日　醋坊领取灯泡收据

图3-15-6　1970年10月17日　领取灯泡收据

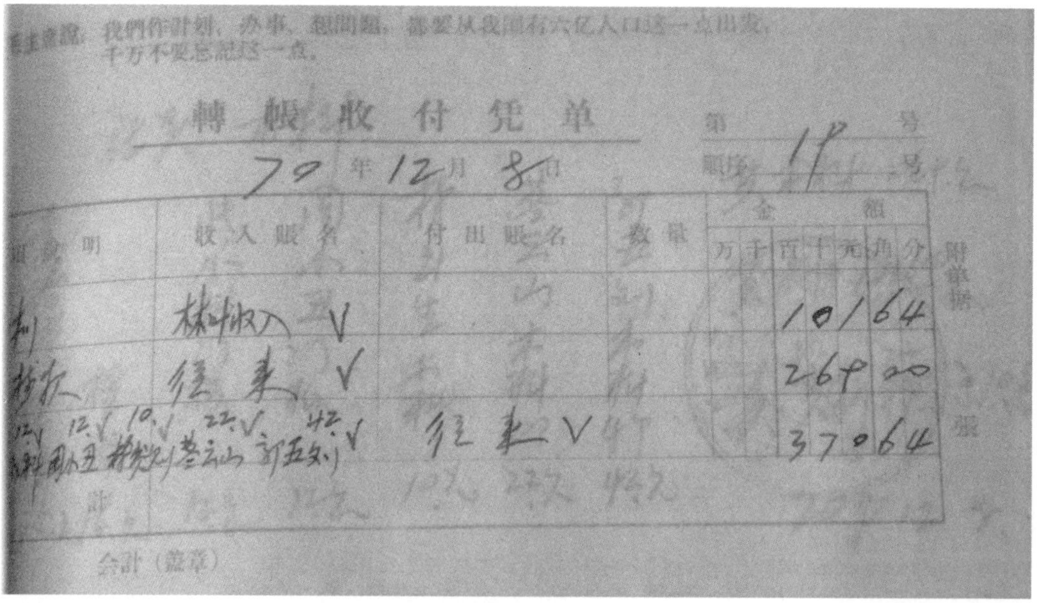

转账收付凭单

	收入账名	付出账名	数量	金额						
				万	千	百	十	元	角	分
	林付収 √					1	0	1	6	4
	往来 √					2	6	9	0	0
		往来 √				3	7	0	6	4

合计（盖章）

图3-16　1970年12月8日转账支付凭单第十九号

226

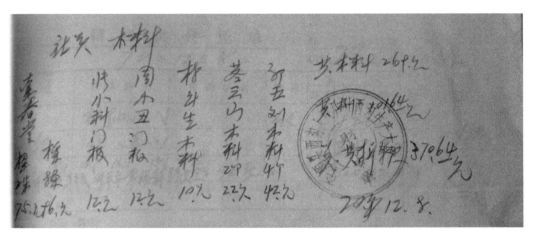

图3-16-1　1970年12月8日社员木料款收据

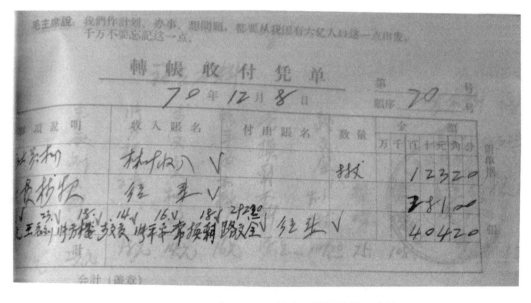

图3-17　1970年12月8日转账支付凭单第二十号

图3-17-1　1970年12月8日社员木料收据

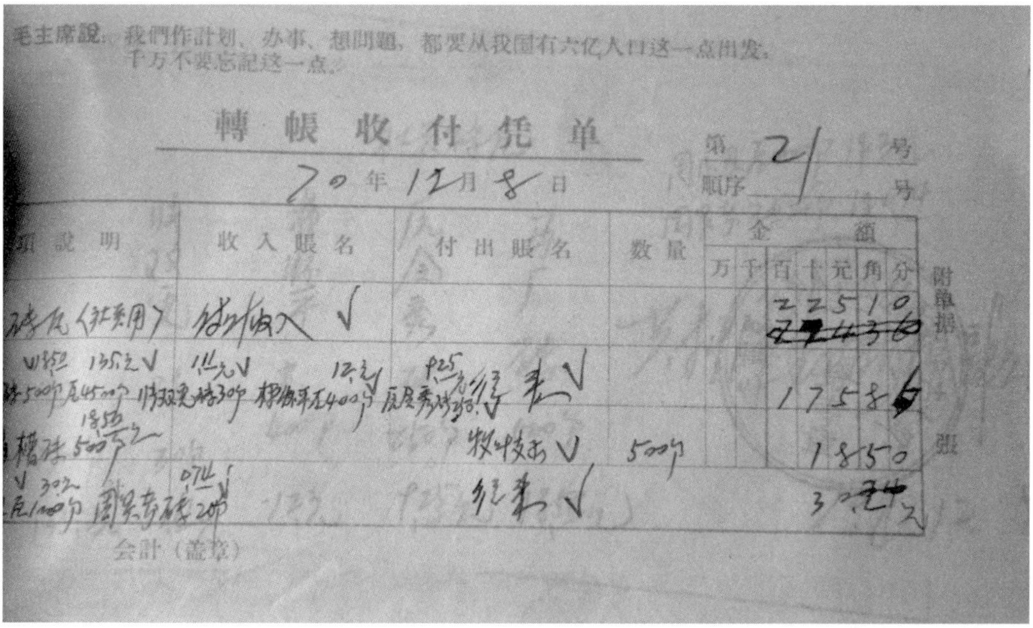

转帐收付凭单

第 21 号
顺序 号

70年12月8日

項説明	收入賬名	付出賬名	数量	万 千 百 十 元 角 分	附单据
				2 2 5 1 0	
				1 7 5 8 6	
		牧收支 √	500	1 8 5 0	
		红表 √		3 ﹖ ﹖	

会計（盖章）

图3-18　1970年12月8日转账支付凭单第二十一号

228

图3-18-1　1970年12月8日社员砖瓦收据

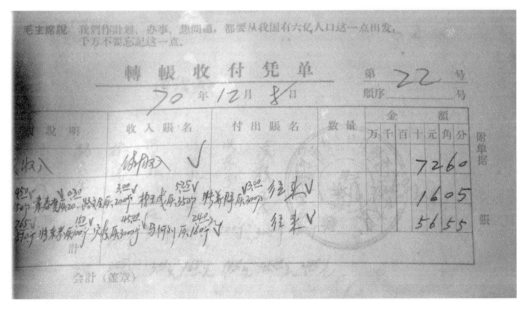

图3-19　1970年12月8日转账支付凭单第二十二号

建设收入

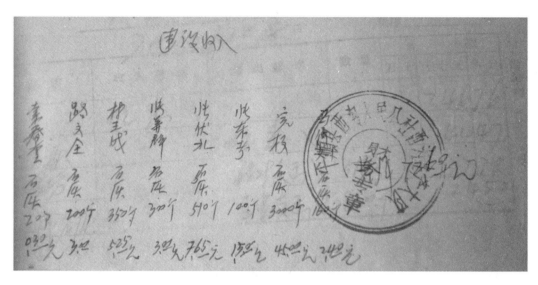

图3-19-1　1970年12月8日社员建设收入收据

毛主席說：我們作計划、办事、想問题，都要从我国有六亿人口这一点出发，千万不要忘記这一点。

轉帳收付凭单　第 23 号

70 年 12 月 8 日　顺序＿＿号

說明	收入賬名	付出賬名	数量	金額
	经来 √			24676
		经来 √		4447
		生产支出 √	5186	7779
		基建支出 √	8300斤	12450

会計（蓋章）

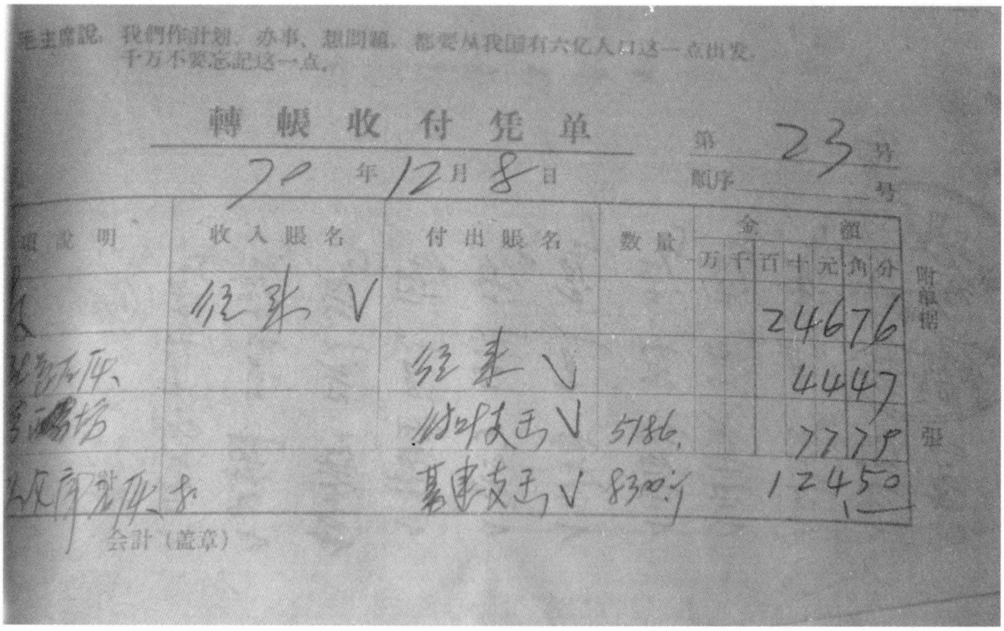

图3-20　1970年12月8日转账支付凭单第二十三号

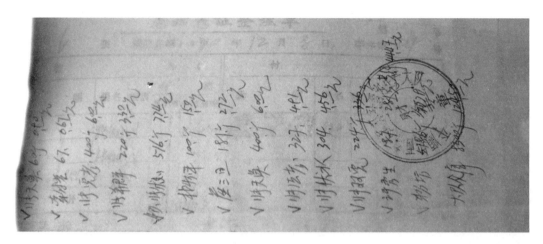

图3-20-1　1970年12月8日各项支出明细

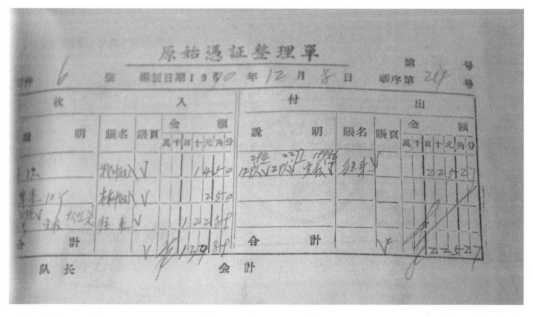

图3-21　1970年12月8日原始凭证整理单第二十四号，附件六张

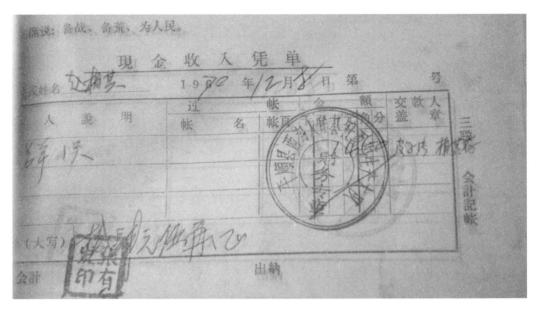

图3-21-1　1970年12月8日现金收入凭单

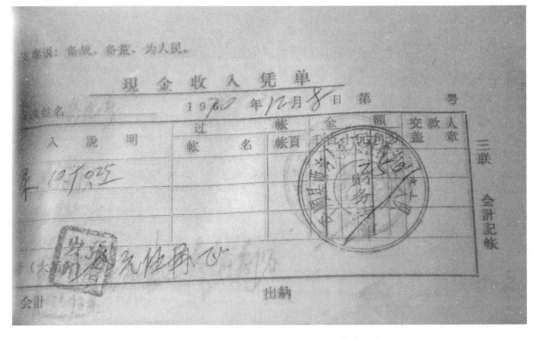

图3-21-2　1970年12月8日现金收入凭单

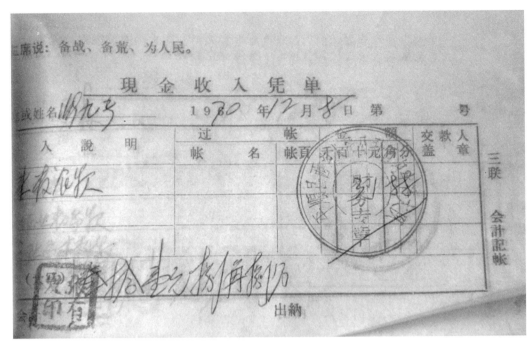

图3-21-3　1970年12月8日现金收入凭单

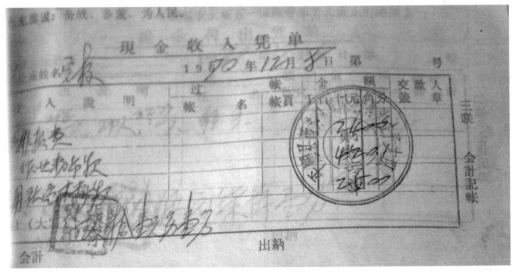

图3-21-4　1970年12月8日现金收入凭单

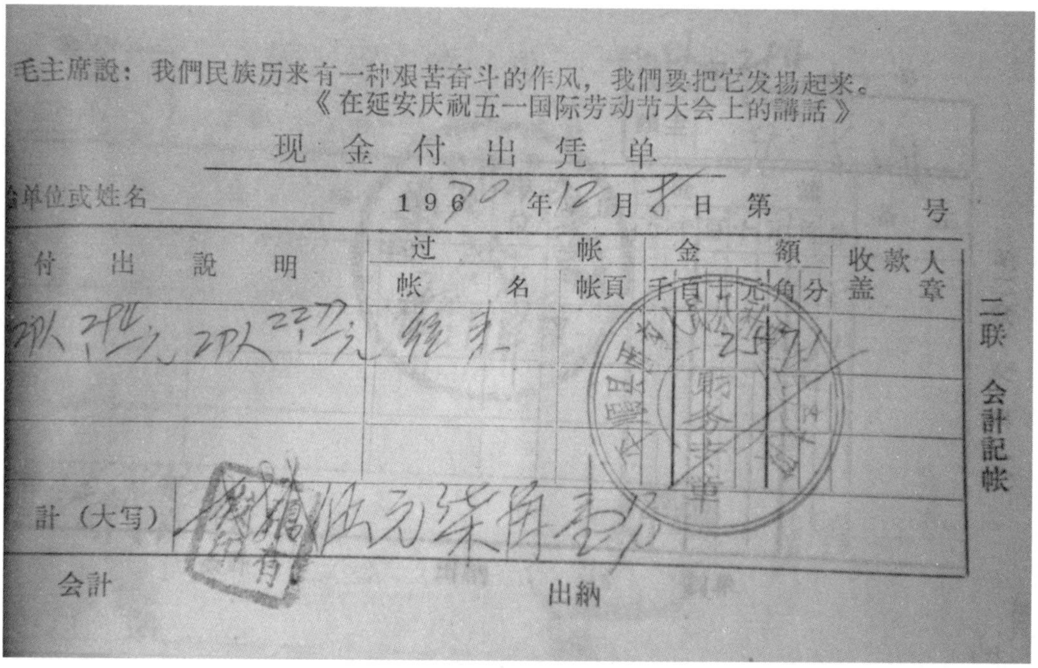

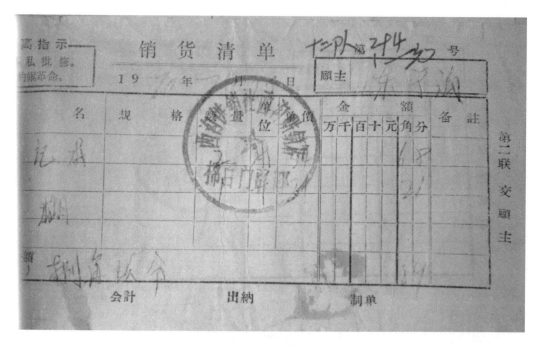

毛主席說：我們民族歷來有一种艰苦奋斗的作风，我們要把它发扬起来。
《在延安庆祝五一国际劳动节大会上的講話》

现 金 付 出 凭 单

付款单位或姓名＿＿＿＿＿＿　196□年12月8日　第　　　号

付　出　說　明	过　帐		金　額							收款人盖章
	帐　名	帐頁	千	百	十	元	角	分		
	经手									

計（大写）

会計　　　　　　　　　　　　出納

二联 会計記帳

图3-21-5　1970年12月8日现金付出凭单

最高指示——
破私批修。
的偏革命。

销 货 清 单　十二队第294號

19□□年□月□日　顾主　东子诚

名	規　格	数量	单位	单价	金　　額							备　註
					万	千	百	十	元	角	分	

計（大写）

会計　　　　出納　　　　制单

第二联 交顾主

图3-21-6　1970年7月27日销货清单

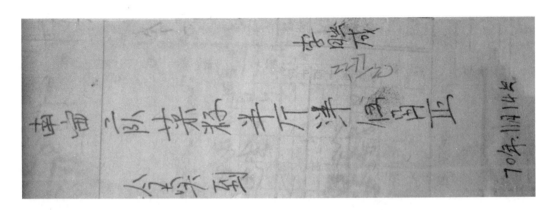

图3-21-7 1970年11月14日 菜籽油销售收据

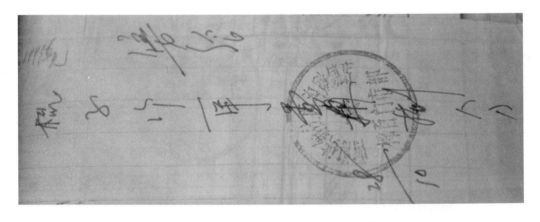

图3-21-8 1970年10月28日购买梳子收据

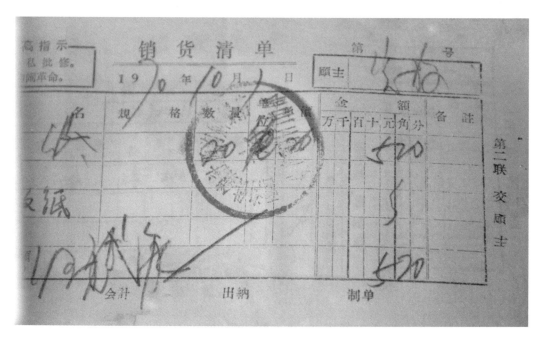

图3-21-9　1970年10月1日销货清单

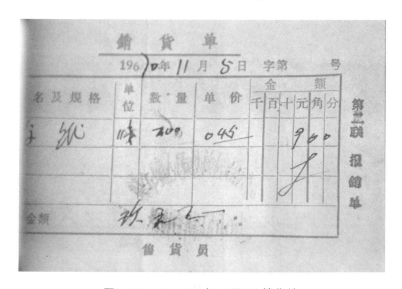

图3-21-10　1970年11月5日销货单

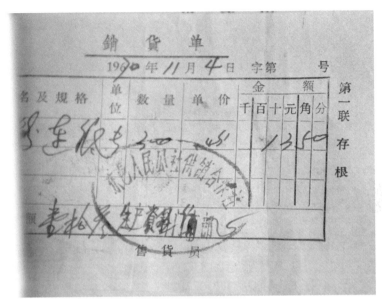

图3-21-11　1970年11月4日销货单

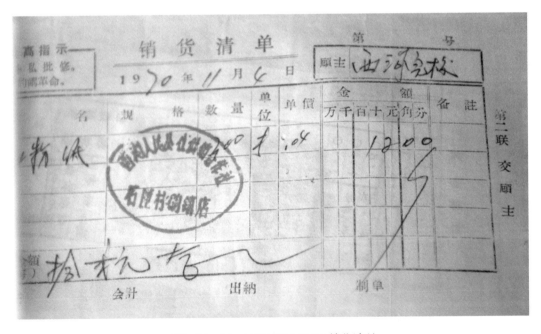

图3-21-12　1970年11月4日销货清单

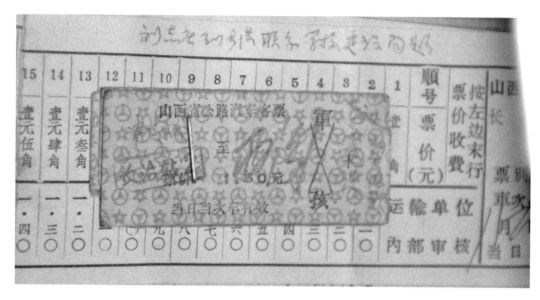

图3-21-13 1970年11月2日车票

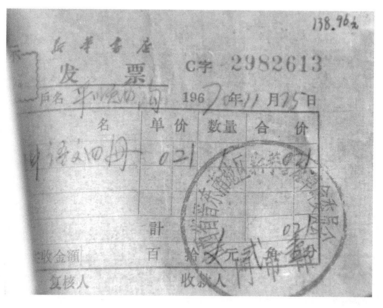

图3-21-14 1970年11月25日发票

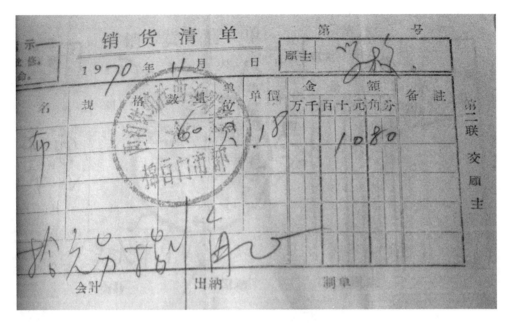

图3-21-15　1970年11月销货清单

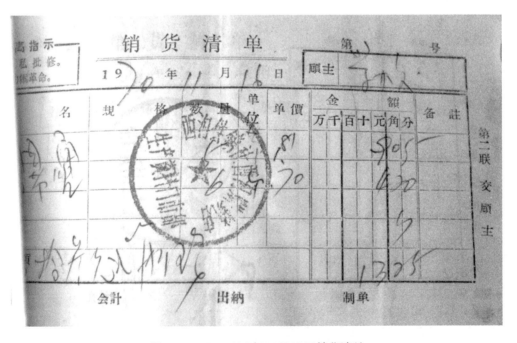

图3-21-16　1970年11月16日销货清单

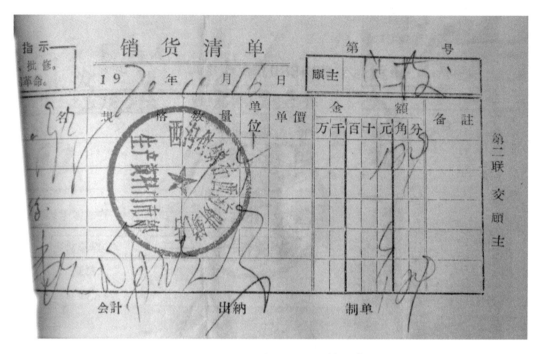

图3-21-17　1970年11月16日销货清单

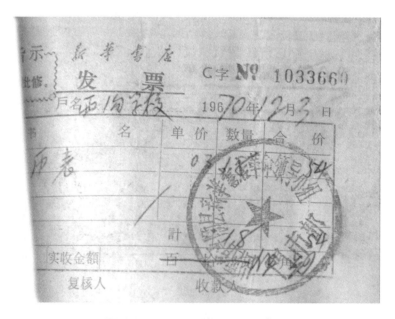

图3-21-18　1970年12月3日发票

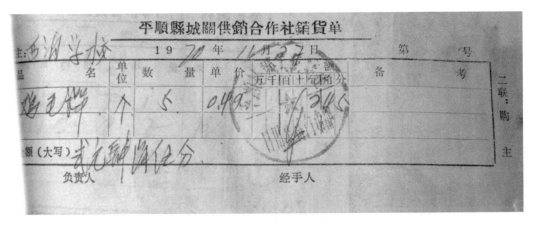

图3-21-19　1970年11月27日销货单

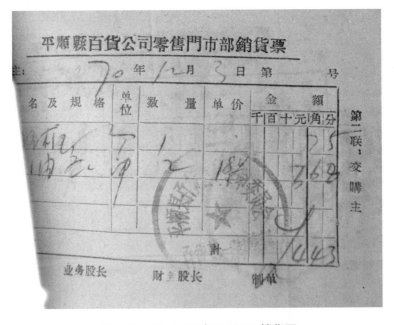

图3-21-20　1970年12月3日销货票

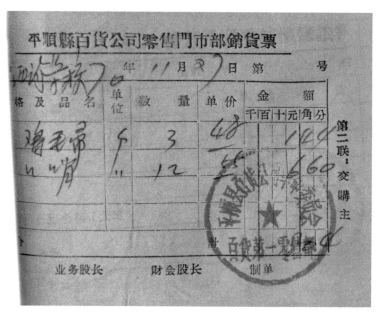

图3-21-21　1970年11月27日销货票

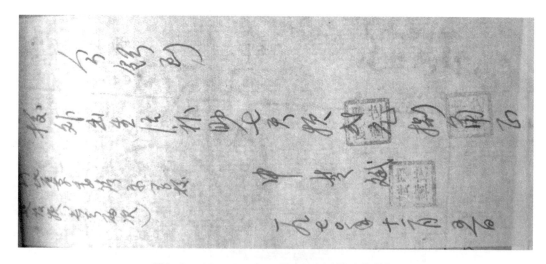

图3-21-32　1970年12月5日生活补助费收据

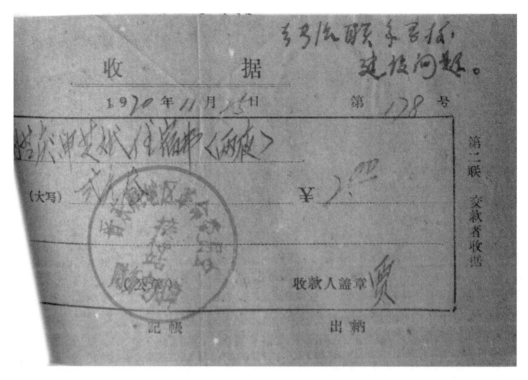

图3-21-23　1970年11月25日住宿费收据

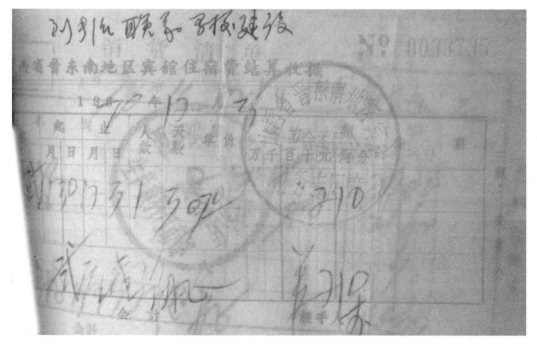

图3-21-24　1970年12月3日住宿费收据

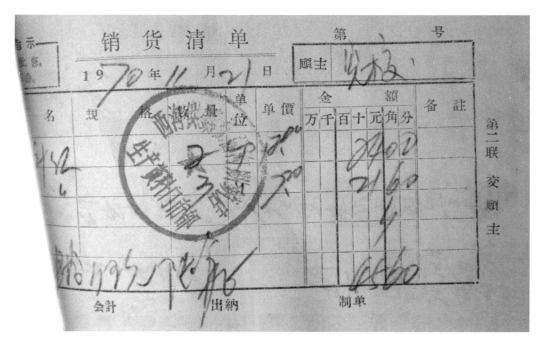

图3-21-25　1970年11月21日销货清单

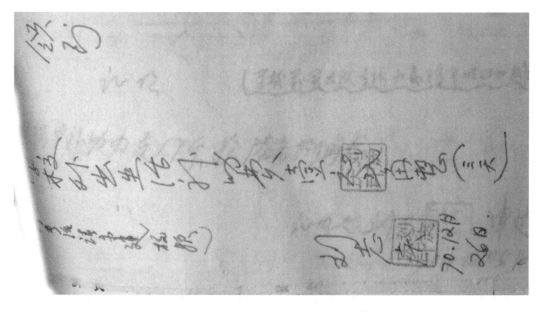

图3-21-26　1970年12月26日生活补助费收据

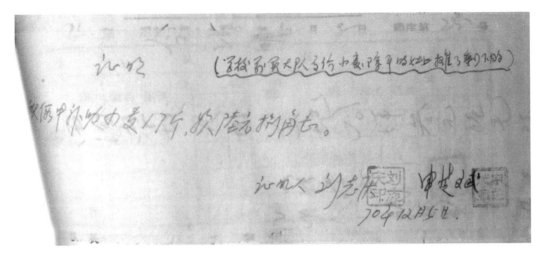

图3-21-27　1970年12月5日粮食补助收据

图3-21-28　1970年12月4日购买刀具收据

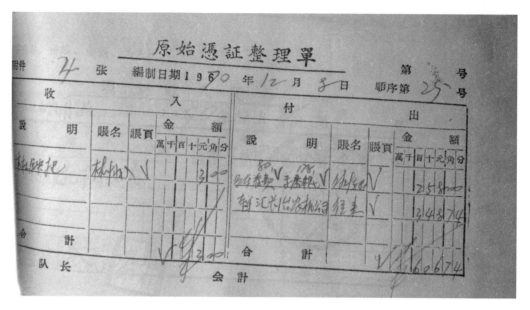

图3-22　1970年12月8日原始凭证整理单第二十五号，附件四张

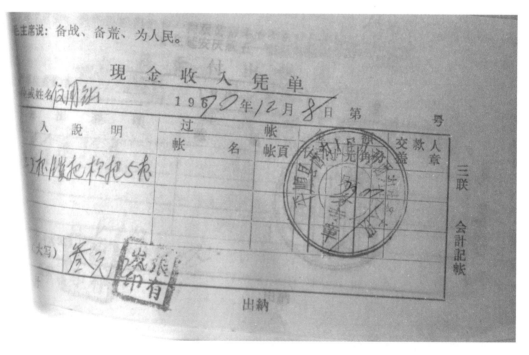

图3-22-1　1970年12月8日现金收入凭单

246

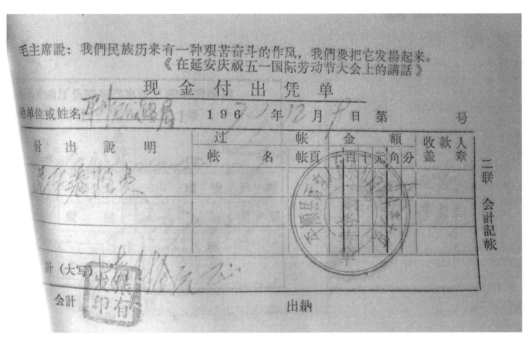

图3-22-2　1970年12月9日现金付出凭单

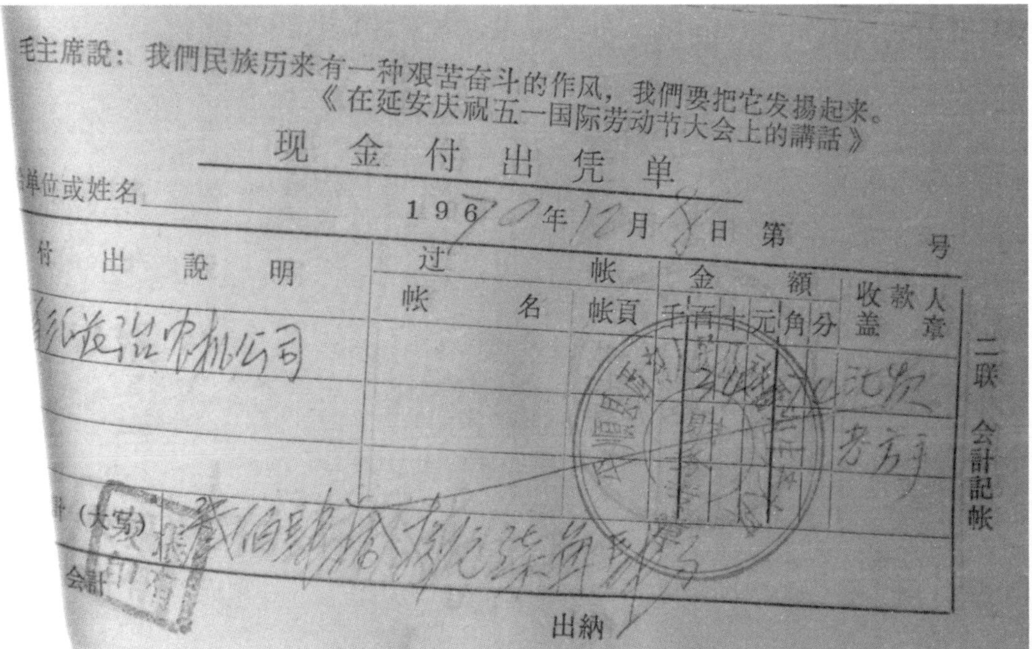

图3-22-3　1970年12月8日现金付出凭单

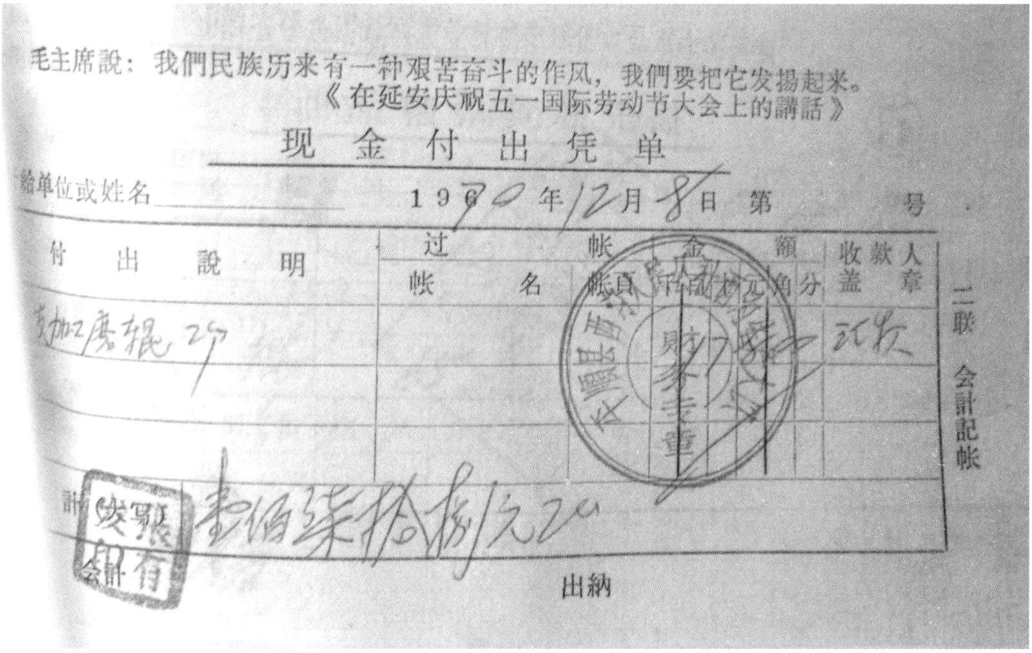

毛主席說：我們民族历来有一种艰苦奋斗的作风，我們要把它发揚起来。

《在延安庆祝五一国际劳动节大会上的講話》

现金付出凭单

給单位或姓名________ 1970年12月8日 第 号

付出說明	过帐 帐名	帐頁	金額 千百十元角分	收款人盖章

二联 会計記帐

計 会計 出納

图3-22-4 1970年12月8日现金付出凭单

西省交通厅公路局汽車按月养路費收据

南革汽月字第No: 0004541号

	車牌号		車别	
月車公里		填发日期		
費額		1970年12月1日		
西省公路管理站	主管		經办員	

第三联

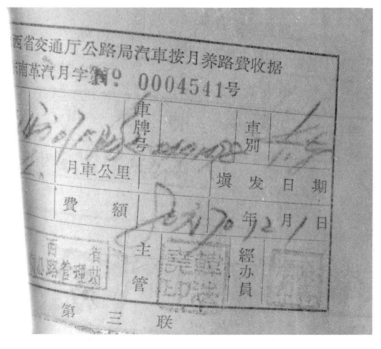

图3-22-5 1970年12月1日养路费收据

原始憑証整理單

第　　号

附件 1 张　編制日期 1970 年 12 月 8 日　順序第 27 号

收			入	付			出
說明	賬名	賬頁	金額（萬千百十元角分）	說明	賬名	賬頁	金額（萬千百十元角分）
							41.50
							35.00
							15.00
合計				合計			91.50

队长　　　　会計

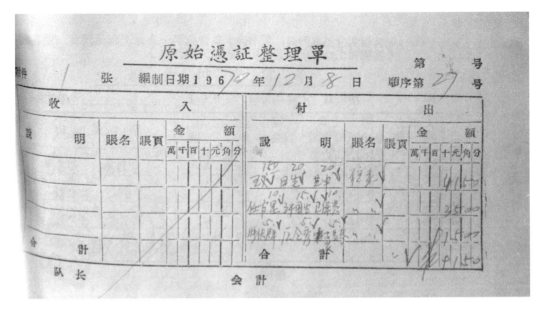

图3-23　1970年12月8日原始凭证整理单第二十七号，附件一张

毛主席說：我們民族历来有一种艰苦奋斗的作风，我們要把它发揚起来。

《在延安庆祝五一国际劳动节大会上的講話》

现金付出凭单

单位或姓名　　　　　1970 年 12 月 8 日 第　　号

付出說明	过帐 帐名	帐頁	金額（千百十元角分）	收款人蓋章
			41.50	
	〃		35.00	
	〃		15.00	
合計（大写）				

会計　　　　出納

二联　会計記帐

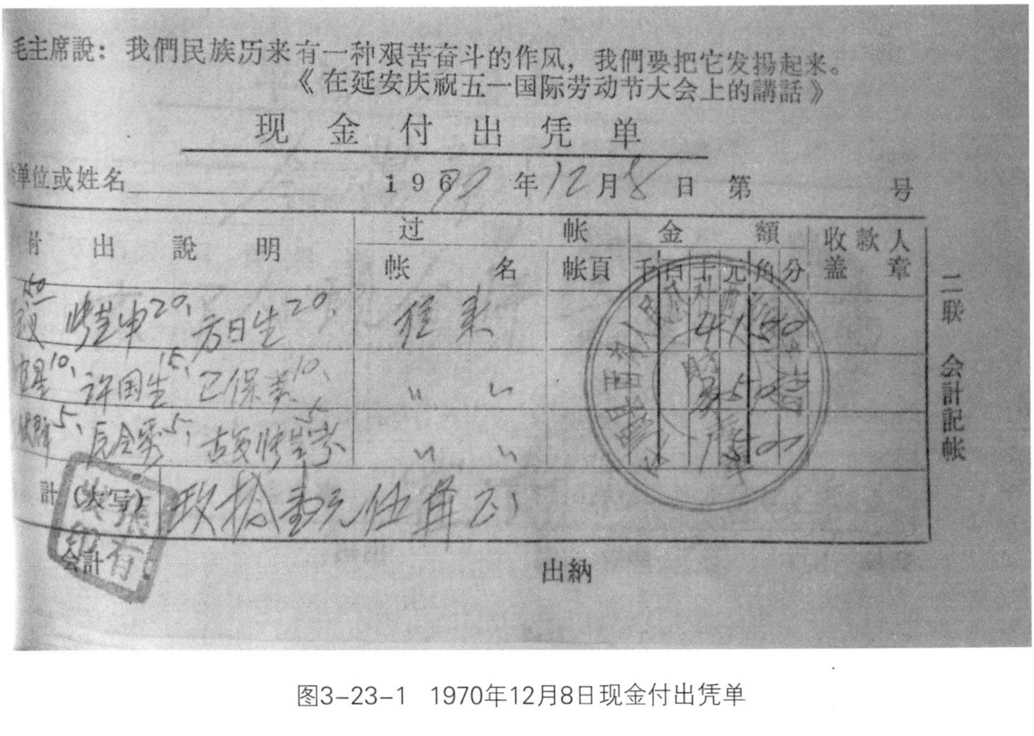

图3-23-1　1970年12月8日现金付出凭单

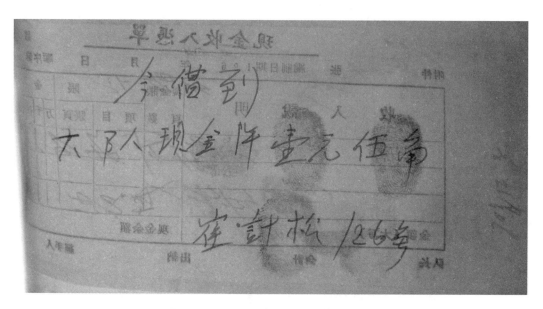

图3-23-2　1970年12月6日借款收据

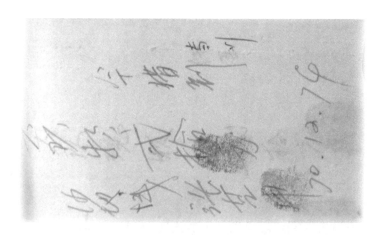

图3-23-3　1970年12月8日借款收据

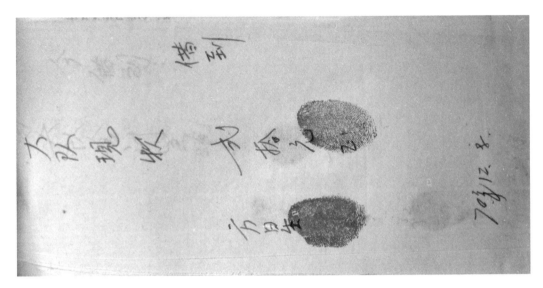

图3-23-4　1970年12月8日借款收据

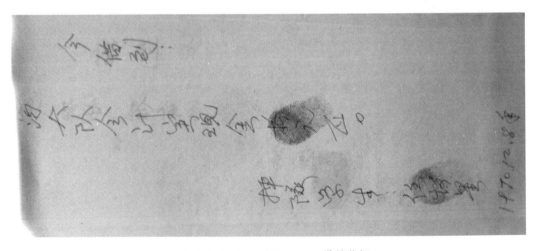

图3-23-5　1970年12月8日借款收据

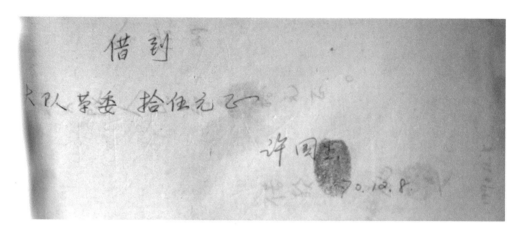

图3-23-6　1970年12月8日借款收据

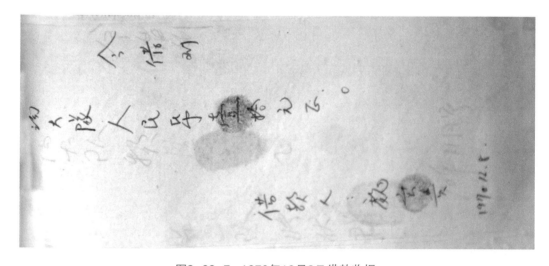

图3-23-7　1970年12月8日借款收据

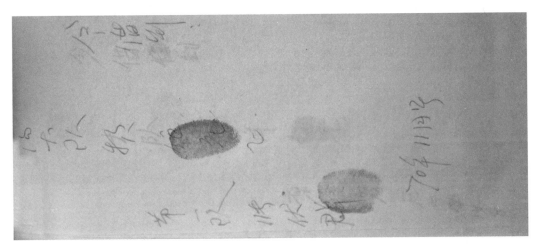

图3-23-8　1970年11月借款收据

图3-23-9　1970年12月8日借款收据

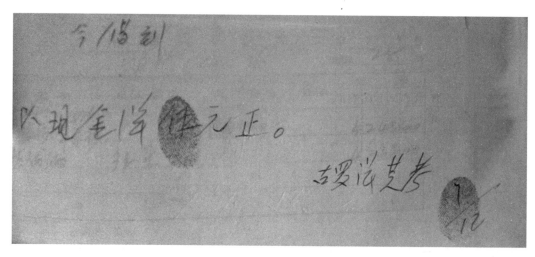

图3-23-10 1970年12月7日借款收据

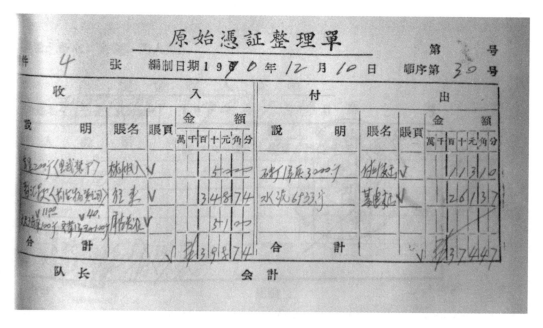

图3-24 1970年12月10日原始凭证整理单第三十号，附件四张

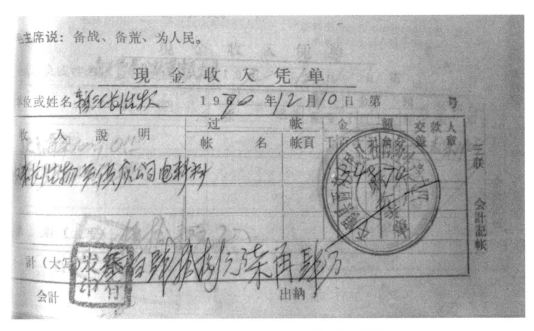

图3-24-1　1970年12月10日现金收入凭单

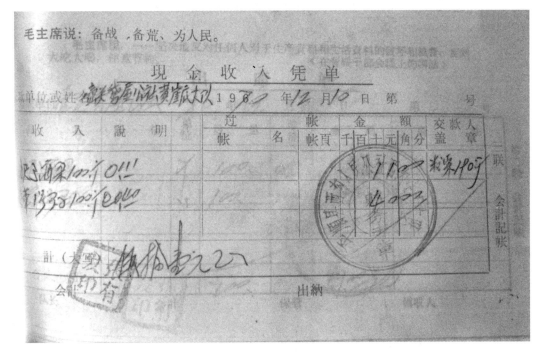

图3-24-2　1970年12月10日现金收入凭单

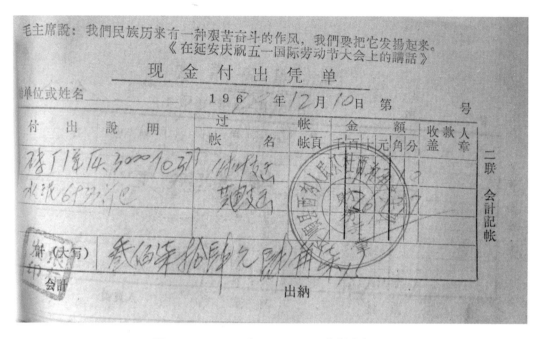

图3-24-3 1970年12月10日现金付出凭单

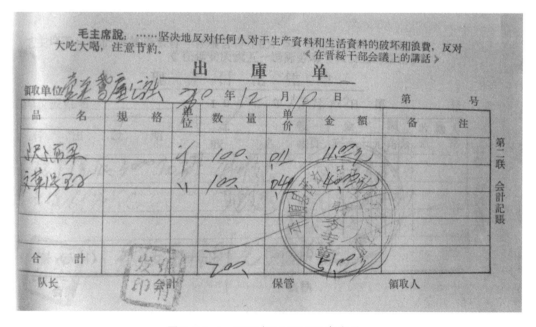

图3-24-4 1970年12月10日出库单

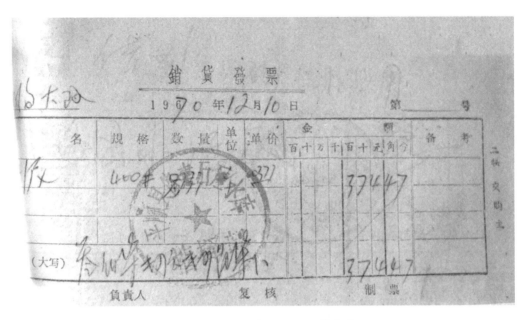

图3-24-5　1970年12月10日销货发票

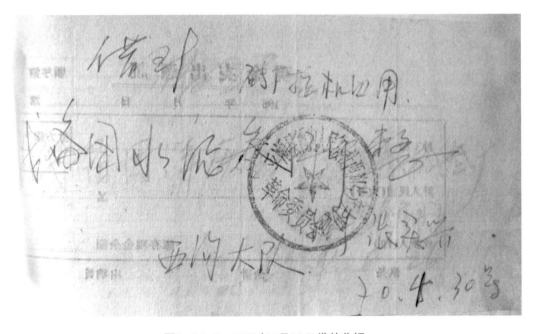

图3-24-6　1970年4月30日借款收据

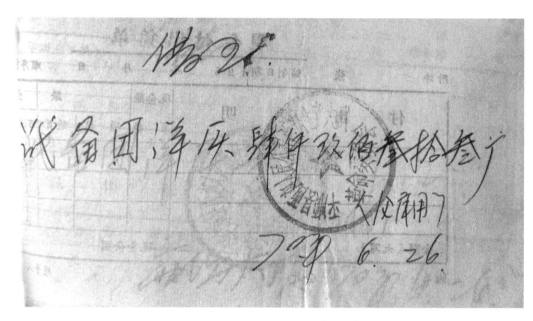

图3-24-7　1970年6月26日借款收据

图3-24-8　1970年6月26日借款收据

原始憑証整理單

附件 5 张　編制日期 1970 年 12 月 10 日　第　号　順序第 31 号

收入				付出			
說明	賬名	賬頁	金額（萬千百十元角分）	說明	賬名	賬頁	金額（萬千百十元角分）
		√	51280			√	5300
	〃 〃	√	32400		公积金	√	75718
	〃 〃	√	27466			√	19064
合計			86146	合計			114784

队长　　　会計

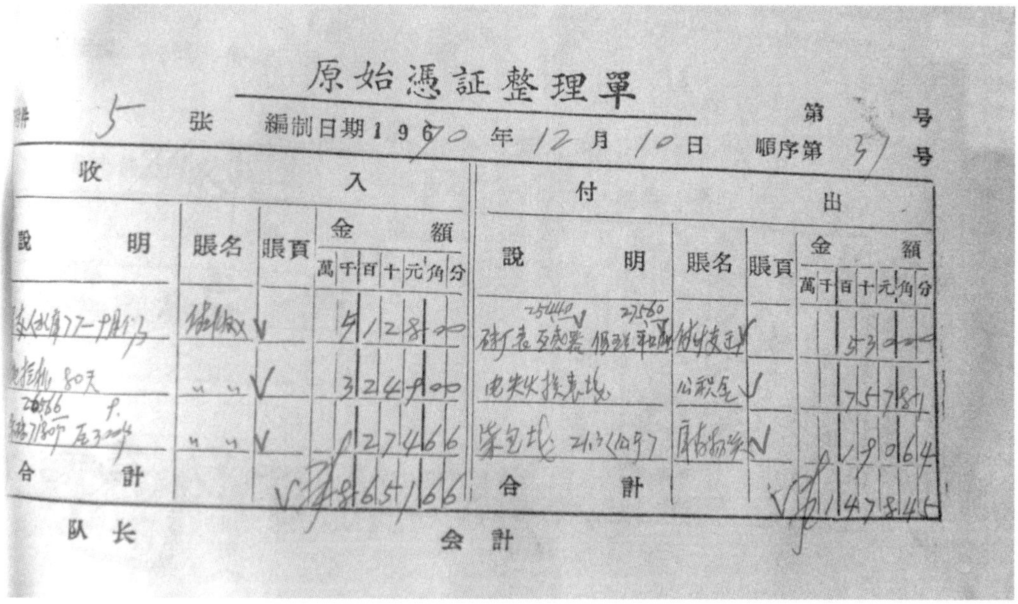

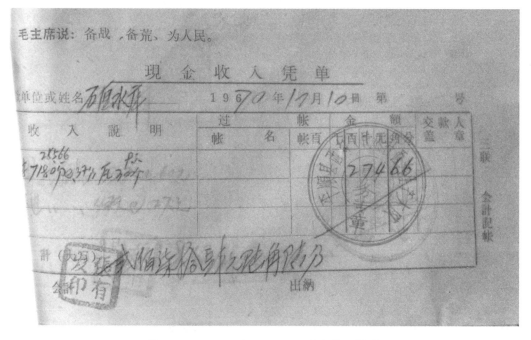

图3-25　1970年12月10日原始凭证整理单第三十一号，附件五张

毛主席说：备战、备荒、为人民。

現金收入凭单

交单位或姓名　　　　1970 年 12 月 10 日　第　号

收入說明	过帐 帐名	帐頁	金額（千百十元角分）	交款人蓋章
			27466	
合計（大寫）				

会計　　　出納

三联

会計記帐

图3-25-1　1970年12月10日现金收入凭单

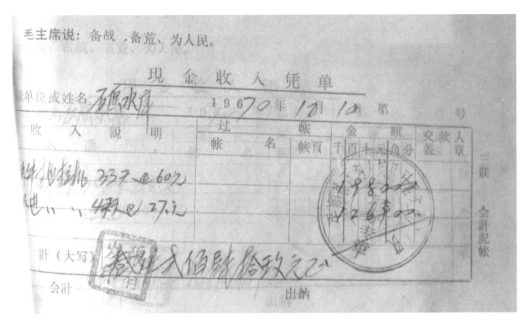

图3-25-2　1970年12月10日现金收入凭单

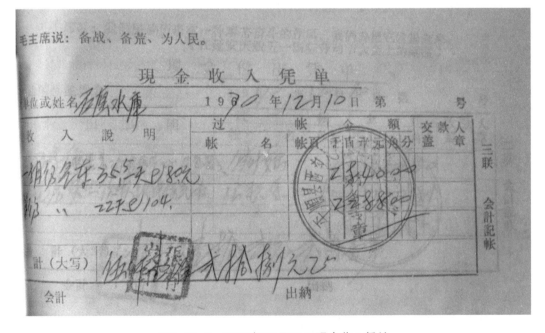

图3-25-3　1970年12月10日现金收入凭单

毛主席說：我們民族历来有一种艰苦奋斗的作风，我們要把它发揚起来。
《在延安庆祝五一国际劳动节大会上的講話》

现金付出凭单

单位或姓名＿＿＿＿＿＿ 1970年12月10日 第　　号

付出說明	过帳 帳名	帳頁	金額 千百十元角分	收款人盖章

計（大写）

会計　　出納

二联　会計記帐

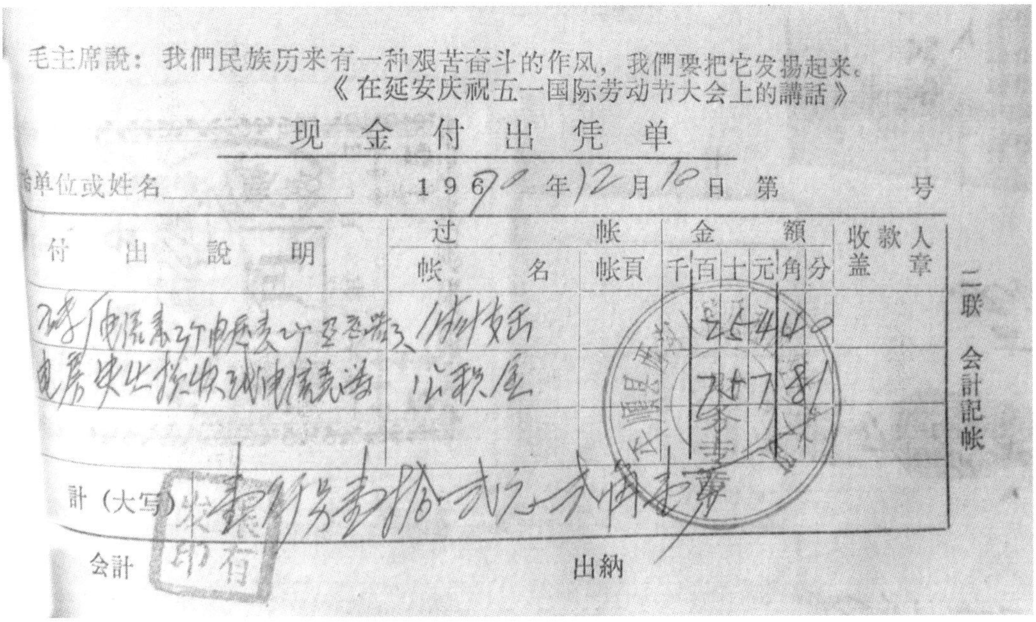

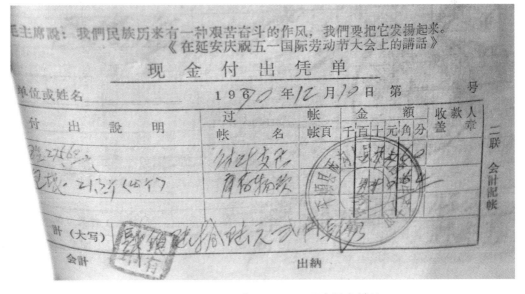

图3-25-4　1970年12月10日现金付出凭单

毛主席說：我們民族历来有一种艰苦奋斗的作风，我們要把它发揚起来。
《在延安庆祝五一国际劳动节大会上的講話》

现金付出凭单

单位或姓名＿＿＿＿＿＿ 1970年12月10日 第　　号

付出說明	过帳 帳名	帳頁	金額 千百十元角分	收款人盖章

計（大写）

会計　　出納

二联　会計記帐

图3-25-5　1970年12月10日现金付出凭单

图3-25-6　车票

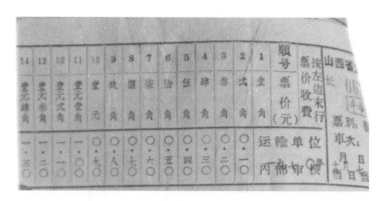

图3-25-7　1970年12月7日车票

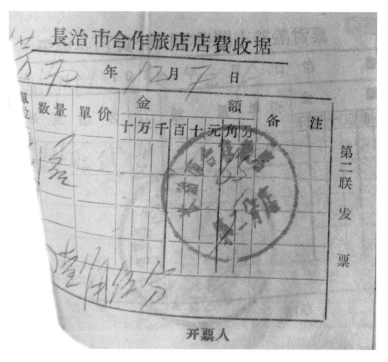

图3-25-8　1970年12月7日住宿费收据

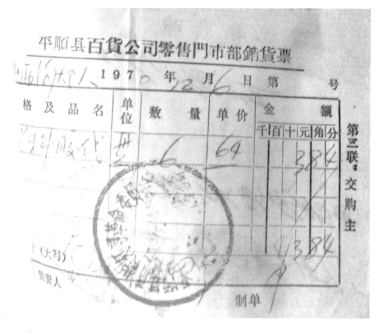

图3-25-9　1970年12月6日销货票

图3-25-10　1970年12月10日购物单收据

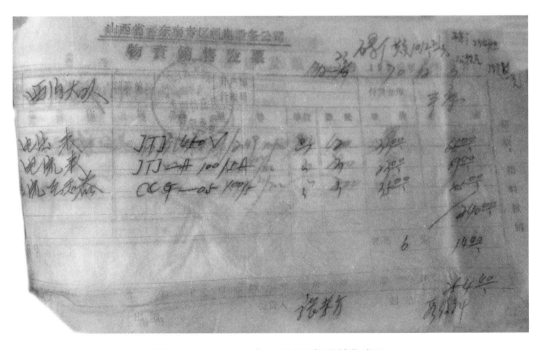

图3-25-11　1970年12月3日物资销售发票

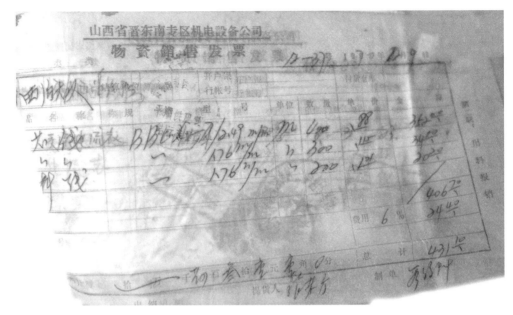

图3-25-12　1970年12月9日物资销售发票

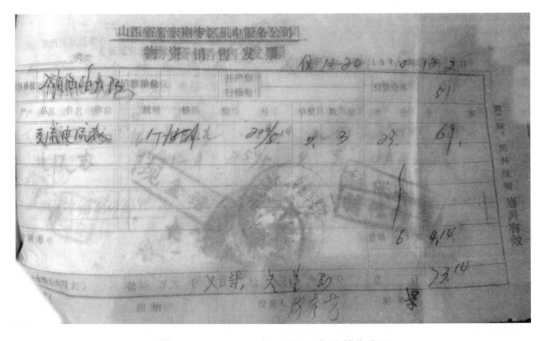

图3-25-13　1970年12月2日物资销售发票

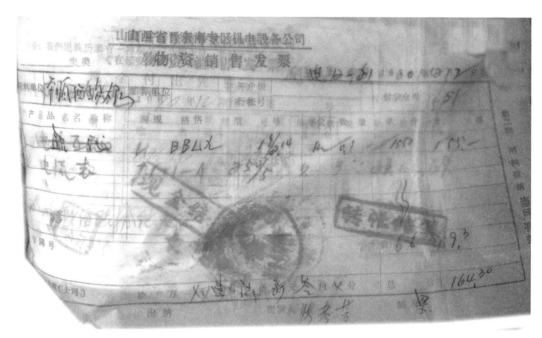

图3-25-14　1970年12月2日物资销售发票

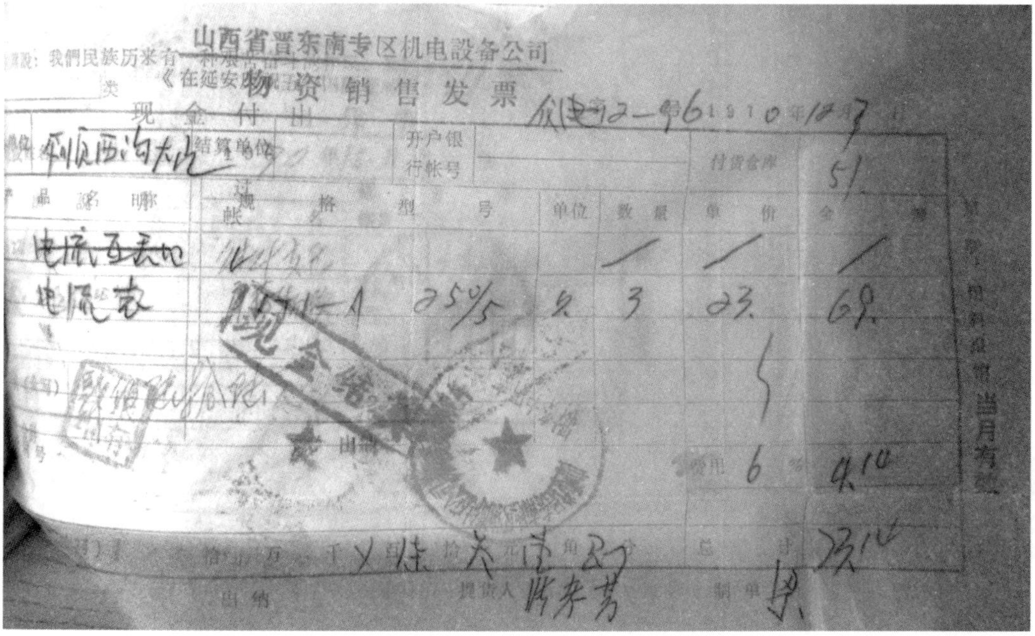

图3-25-15　1970年12月7日物资销售发票

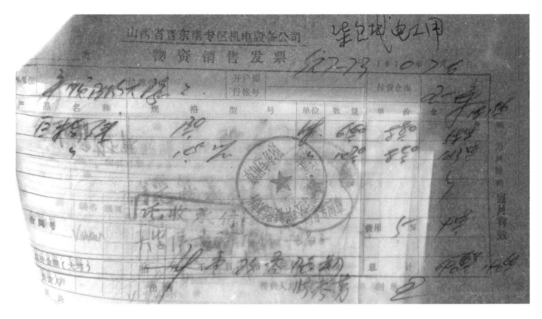

图3-25-16　1970年7月6日物资销售发票

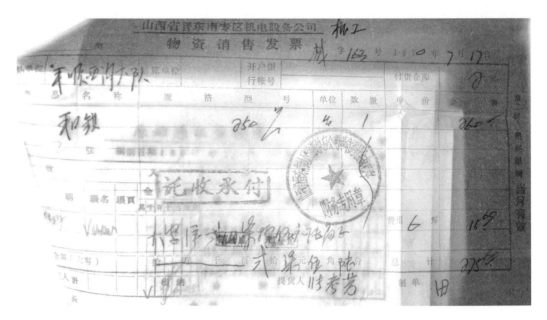

图3-25-17　1970年7月17日物资销售发票

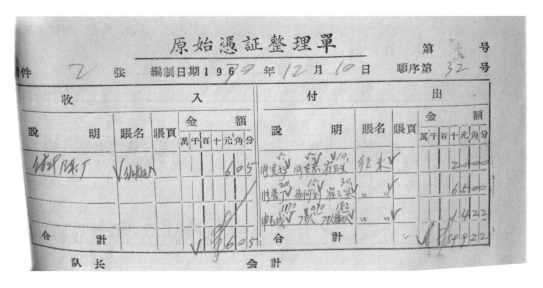

图3-26 1970年12月10日原始凭证整理单第三十二号，附件两张

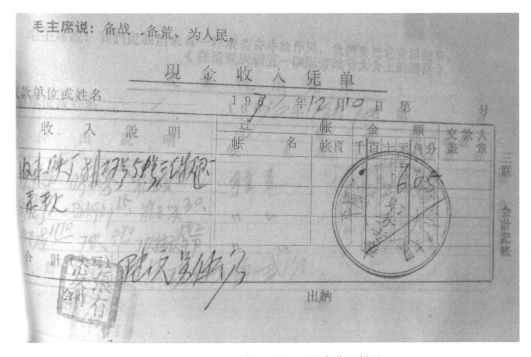

图3-26-1 1970年12月10日现金收入凭单

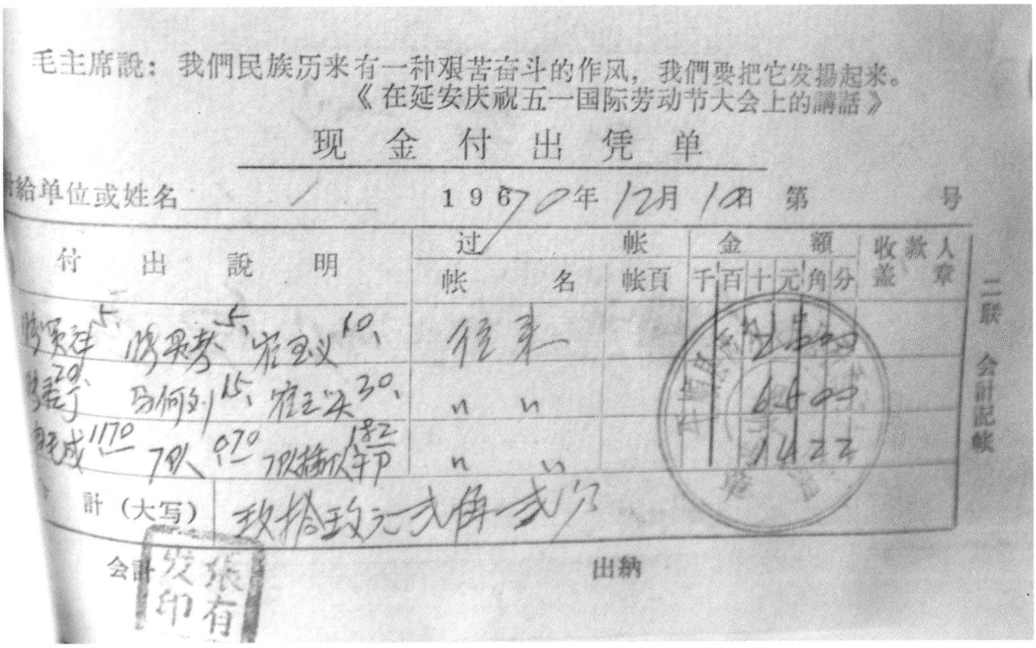

毛主席說：我們民族歷來有一种艱苦奮斗的作风，我們要把它發揚起來。
《在延安慶祝五一国际劳动节大会上的講話》

现 金 付 出 凭 单

付給单位或姓名 _____ 197 0 年 12 月 10 日 第 号

付 出 說 明		过	帐		金 额							收款人盖章	二联 会計記帐
		帐 名	帐頁	千	百	十	元	角	分			
		往来										
		″ ″										
		″										
計（大写）	玖拾玖元式角式分			出納								

会計 张有

图3-26-2　1970年12月10日现金付出凭单

图3-26-3　1970年12月10日借款收据

269

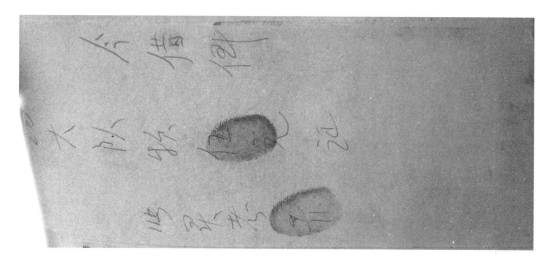

图3-26-4　1970年11月9日借款收据

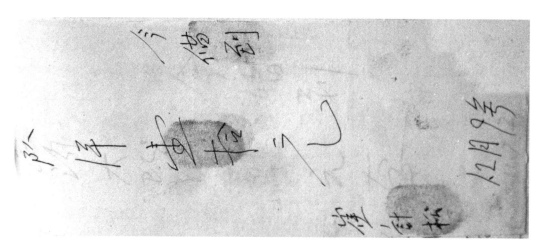

图3-26-5　1970年12月9日借款收据

图3-26-6　1970年11月9日借款收据

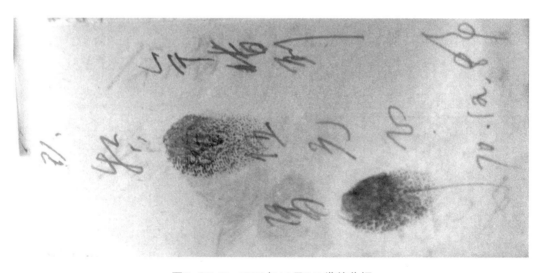

图3-26-7　1970年12月9日借款收据

图3-26-8　1970年12月7日借款收据

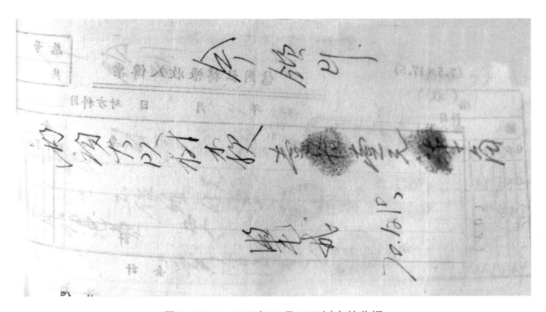

图3-26-9　1970年12月10日树木款收据

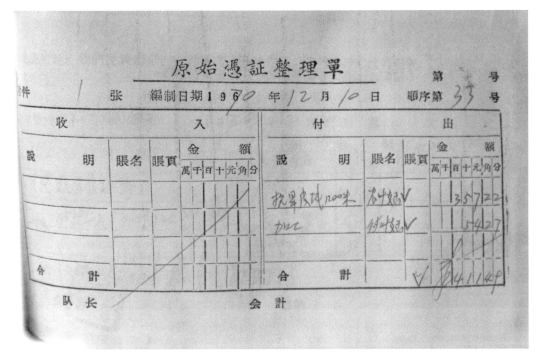

图3-27　1970年12月10日原始凭证整理单第三十三号，附件一张

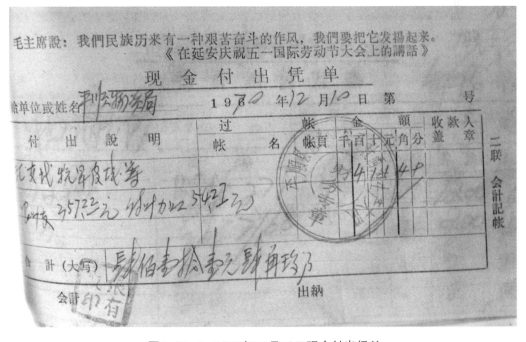

图3-27-1　1970年12月10日现金付出凭单

273

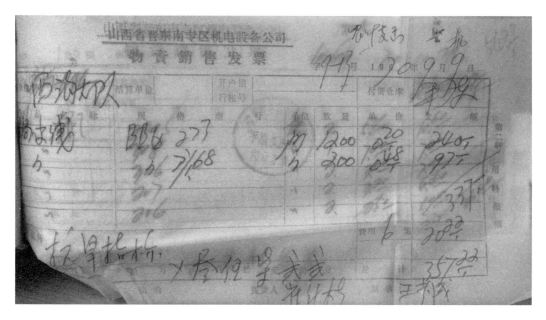

图3-27-2 1970年9月9日物资销售发票

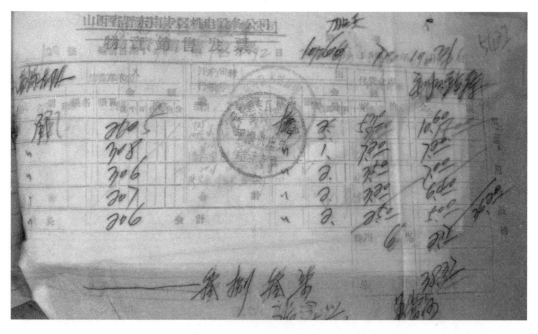

图3-27-3 1970年10月3日物资销售发票

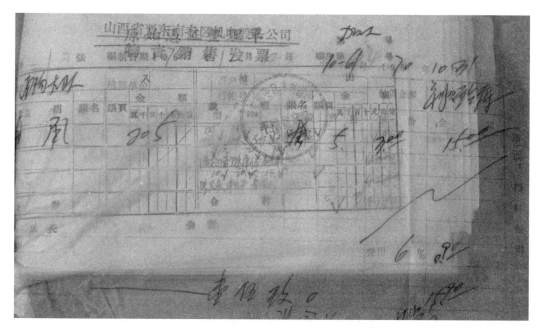

图3-27-4 1970年10月31日物资销售发票

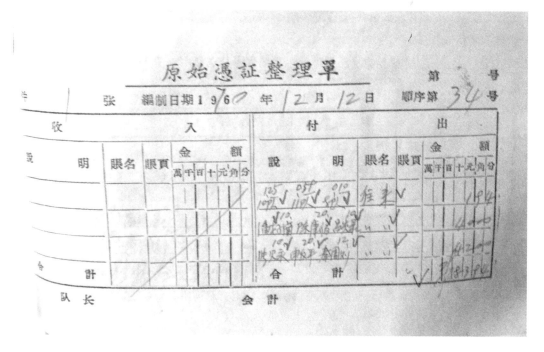

图3-28 1970年12月12日原始凭证整理单第三十四号，附件一张

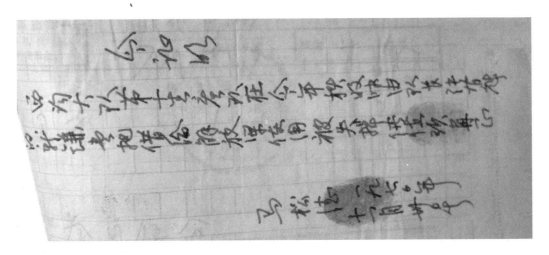

图3-28-1 1970年12月12日现金付出凭单

图3-28-2 1970年11月30日证明

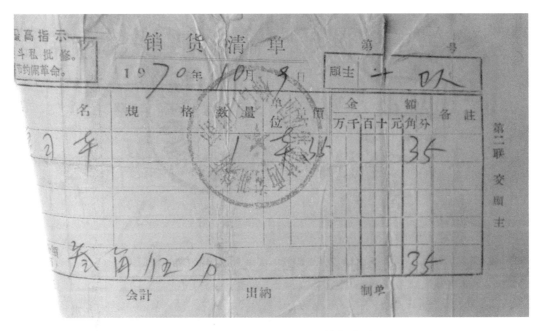

图3-28-3　1970年10月9日销货清单

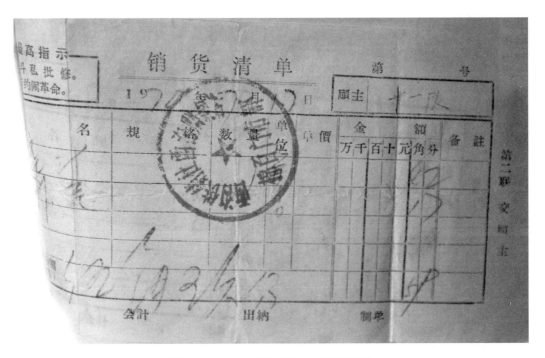

图3-28-4　1970年7月17日销货清单

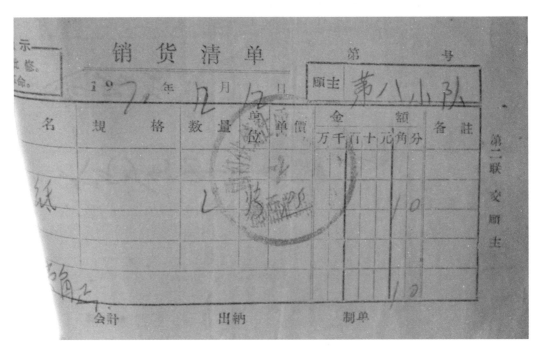

图3-28-5　1970年12月12日销货清单

图3-28-6　1970年12月11日借款收据

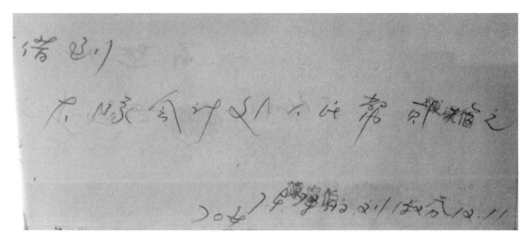

图3-28-7　1970年12月11日借款收据

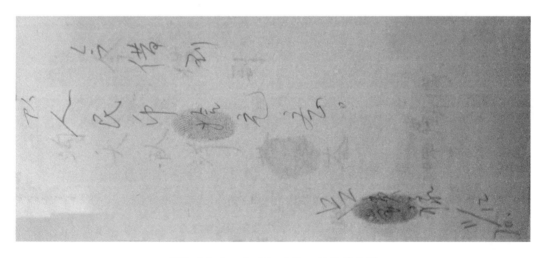

图3-28-8　1970年12月11日借款收据

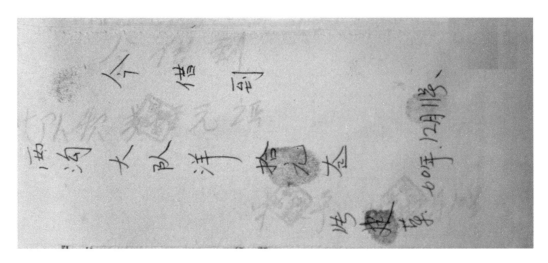

图3-28-9　1970年12月11日借款收据

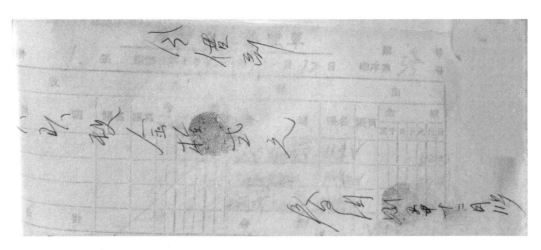

图3-28-10　1970年12月10日借款收据

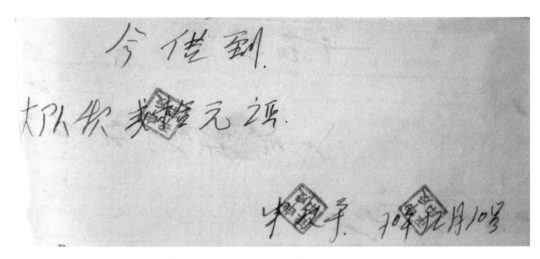

图3-28-11 1970年12月11日借款收据

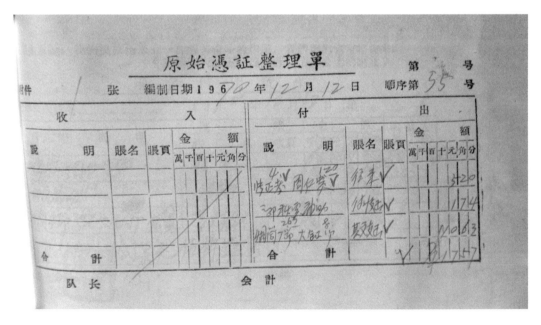

图3-29 1970年12月12日原始凭证整理单第三十五号，附件一张

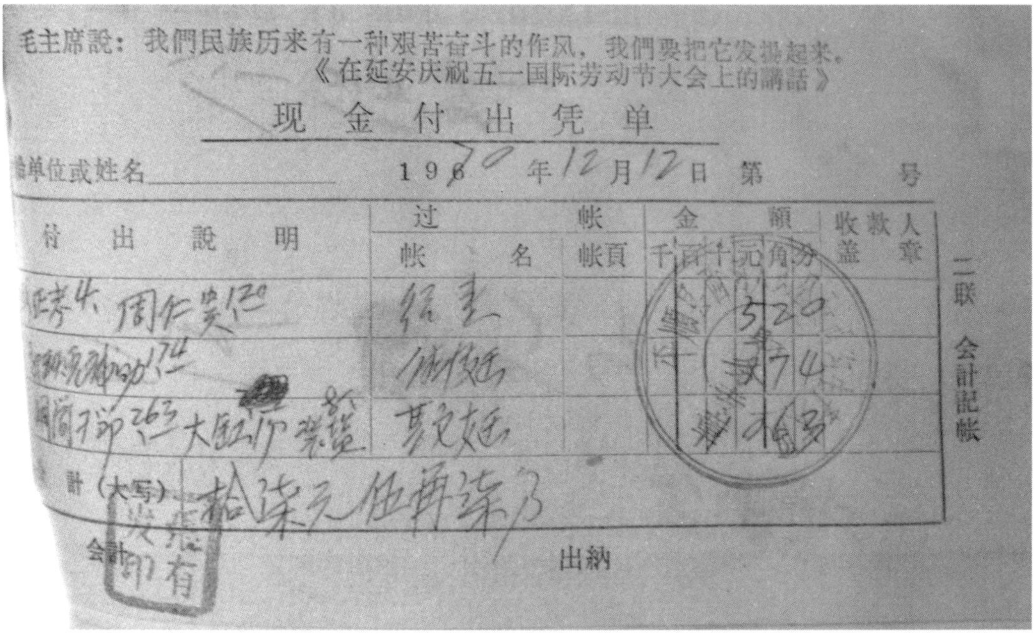

毛主席説：我們民族历来有一种艰苦奋斗的作风，我們要把它发揚起来。
《在延安庆祝五一国际劳动节大会上的講話》

现 金 付 出 凭 单

付款单位或姓名＿＿＿＿＿＿＿ 19 ７０年 12 月 12 日 第 号

| 付 出 說 明 | 过 帐 | | 金 额 | 收款人 |
	帐 名	帐頁	千百十元角分	盖 章
延劳头 周仝英120	經費		5 20	
	俳優		74	
大缸 茶蓝	费延		63	
計(大写) 拾柒元伍斛柒分				

会计 出納

图3-29-1 1970年12月12日现金付出凭单

图3-29-2 1970年12月12日借款收据

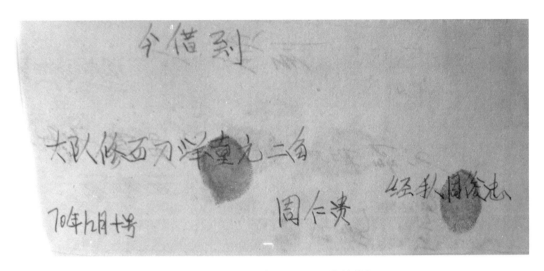

图3-29-3 1970年12月10日借款收据

图3-29-4 1970年12月10日补助款收据

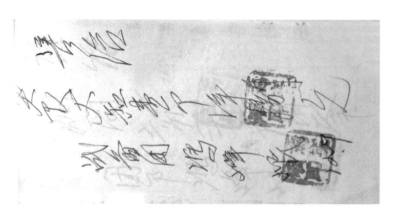

图3-29-5 1970年12月7日销售凭证

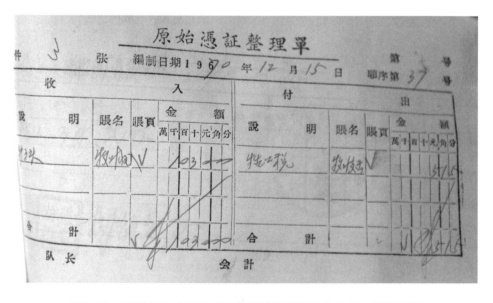

图3-30 1970年12月15日原始凭证整理单第三十七号，附件三张

284

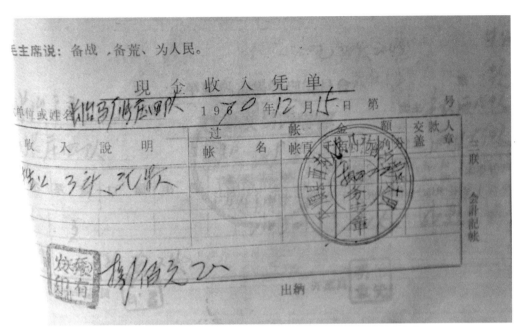

图3-30-1　1970年12月15日现金收入凭单

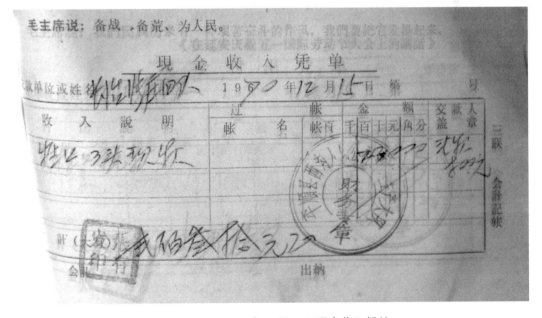

图3-30-2　1970年12月15日现金收入凭单

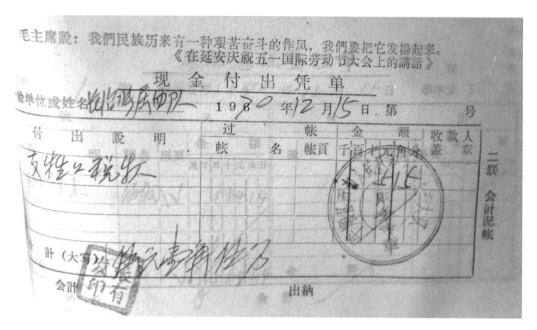

图3-30-3 1970年12月15日现金付出凭单

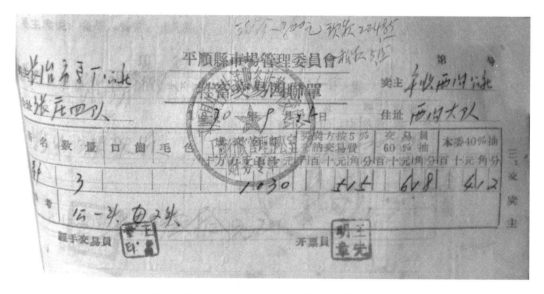

图3-30-4 1970年9月25日牲畜交易四联单

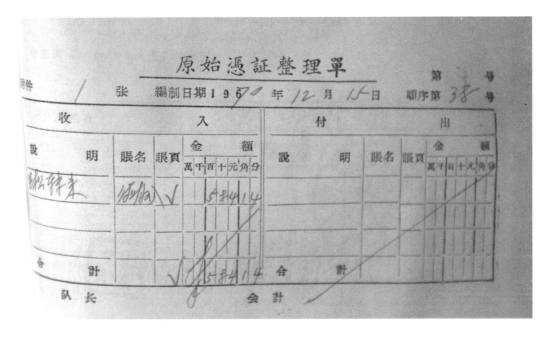

图3-31　1970年12月15日原始凭证整理单第三十八号，附件一张

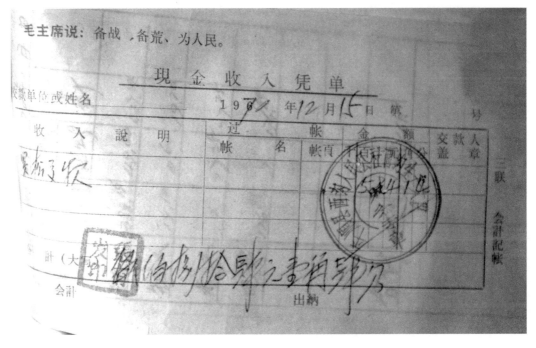

图3-31-1　1970年12月15日现金收入凭单

287

图3-31-2　1970年1月西沟联合厂收入单据

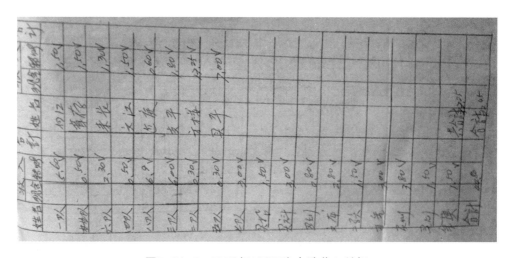

图3-31-3　1970年1月西沟大队收入单据

毛主席說：我們作計划、办事、想問題，都要从我国有六亿人口这一点出发，千万不要忘記这一点。

轉帳收付凭单

第 40 号

70 年 12 月 16 日

顺序　　号

摘項說明	收入賬名	付出賬名	数量	金額
	收入			15.00
				15.00
				1.40
				1.40

合計（蓋章）

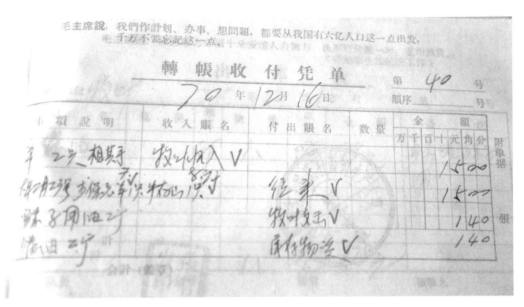

图3-32　1970年12月16日转账收付凭单第四十号

毛主席說：任何地方必須十分爱惜人力物力，决不可只顧一时，濫用浪費。《必須学会作經济工作》

出庫单

領取单位

70 年 12 月 16 日　　第　　号

品名	規格	单位	数量	单价	金額	备注
			八			
合計			八			

队长　　保管　　領取人

第一联　保管存

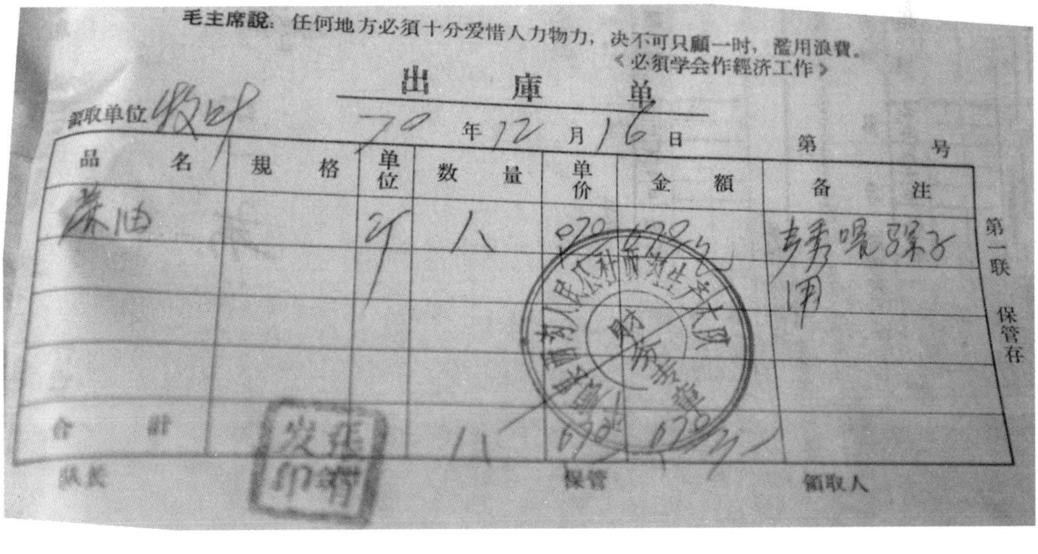

图3-32-1　1970年12月16日出库单

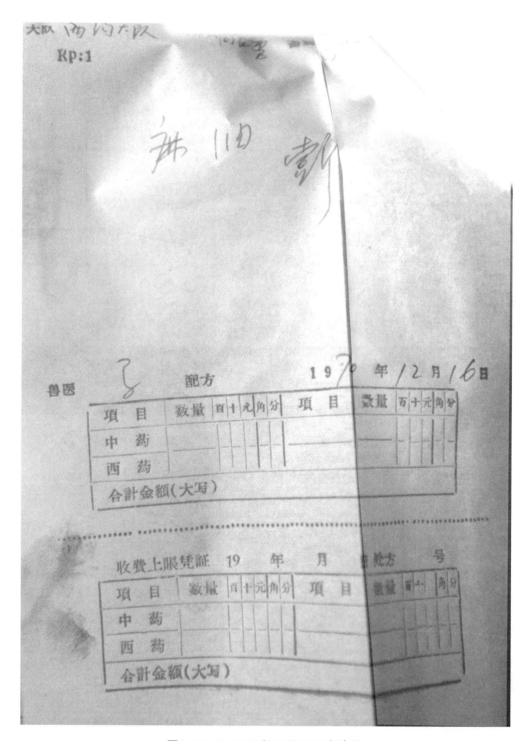

图3-32-2　1970年12月16日麻油单

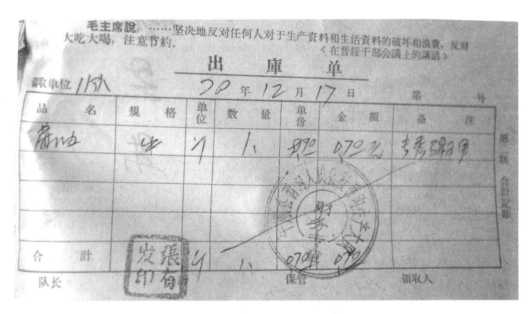

图3-32-3 1970年12月17日出库单